武

国家出版基金项目
NATIONAL PUBLICATION FOUNDATION

司红玉 主编 / 侯雯 动作示范

武术中国

八段锦

司红玉 王春阳 编著

中原出版传媒集团
中原传媒股份公司
河南电子音像出版社
·郑州·

图书在版编目（CIP）数据

八段锦 / 司红玉，王春阳编著．—郑州 ：河南电子音像出版社，2021.11
（武术中国）
ISBN 978-7-83009-380-8

Ⅰ．①八… Ⅱ．①司… ②王… Ⅲ．①八段锦-基本知识 Ⅳ．①G852.9

中国版本图书馆 CIP 数据核字（2021）第 220348 号

八段锦

司红玉　王春阳　编著

出 版 人：温新豪　　选题策划：郭笑丹
责任编辑：赵丽洁　　责任校对：李晓杰
装帧设计：刘运来工作室　　造型设计：赵雨琪
摄　　像：林伟峰　徐瑞勋　　视频后期：范丽娜　李沃桐　韩小枝
录　　音：胡　辉　王　珅　　美　　工：张　勇　李景云　郭　宾

出版发行：河南电子音像出版社
地　　址：郑州市郑东新区祥盛街 27 号
邮政编码：450016
经　　销：全国新华书店
印　　刷：辉县市伟业印务有限公司
开　　本：787 mm×1092 mm　1/16
印　　张：7.5 印张
字　　数：111 千字
版　　次：2021 年 11 月第 1 版
印　　次：2021 年 11 月第 1 次印刷
定　　价：53.00 元

总序

吴彬

中国武术研究院专家委员会委员
国家级武术教练
享受国务院政府特殊津贴专家
中国武术九段
国际武术联合会技术委员会原主任
亚洲武术联合会技术委员会主任
中国武术协会副主席
北京武术院院长

文化是民族的血脉，是人民的精神家园。中华文化独一无二的理念、智慧、气度、神韵，增添了中国人民内心深处的自信和自豪。中华武术是中华传统文化中的重要部分，是弘扬中华文明的重要渠道。说起武术，就不能不提河南，少林和太极，那是享誉全球！

党的十八大以来，以习近平同志为核心的党中央高度重视、关心体育工作，将全民健身上升为“健康中国战略”，推动了全民健身和全民健康深度融合。2017 年 8 月在天津举办的第十三届全运会即将开幕之际，习近平总书记在会见全国体育先进单位和先进个人代表等时强调，加快建设体育强国，就要坚持以人民为中心的思想，把人民作为发展体育事业的主体，把满足人民健身需求、促进人的全面发展作为体育工作的出发点和落脚点，落实全民健身国家战略，不断提高人民健康水平。

河南电子音像出版社出版的这套“武术中国”系列图书自立项以来，就以起点高、形式新等诸多优点，受到广泛关注，并于 2016 年入选“十三五”国家重点图书、音像、电子出版物出版规划，2019 年入选国家出版基金项目。

“武术中国”系列图书底蕴深厚、权威性高，又贴近读者，实操性强。它不仅仅挖掘、整理了我国优秀传统武术文化，而且着力突出武术这一传统文化在健身、提高全民素质上的重要意义，引导读者从健康、健身的视角看待和尝试中国传统武术。这套丛书的作者大多是我国武术界的著名老师，如朱天才、梁以全、曾乃梁等。这套丛书还首创了积木式教学、动作加呼吸的高阶健身方式，以及在传统武术中融入中国古典音乐、书法等元素符号，提高了读者阅读兴趣和出版物品位。所谓积木式教学，就是把教学单元分解为每一个动作对应一个视频，比如陈氏太极拳老架一路有 74 个动作，积木式教学就是把教学分解为 74 个教学单元，读者掌握单个动作后可自主进行套路学习。书中每个教学动作之后附有二维码，读者通过手机扫描二维码可随时在线观看视频。这种方式的教学降低了读者的学习门槛，提升了他们的学习兴趣。

希望这套丛书的出版，能使广大读者深入了解、喜爱我们的民族瑰宝，开启新时代健康精彩的人生！

吴彬

前言

健身气功是中华民族的文化瑰宝，具有悠久的历史和深厚的文化底蕴。在历史上，其作为民族传统体育项目，主要以一种独特的身心锻炼方法，即自身形体活动、呼吸吐纳、心理调节相结合的运动形式，使身心处于和谐状态。“流水不腐，户枢不蠹，动也。形气亦然。形不动则精不流，精不流则气郁。”中国古人非常重视运动养生。运动养生在养生学中占据着重要的地位，因运动形式的不同，会有不同的称谓，比如导引术、吐纳、行气、气功等。2001 年，国家体育总局健身气功管理中心遵循“取其精华，去其糟粕”的创编原则，按照“讲科学，倡主流，抓管理”的工作总体思路，组织体育、医学等方面的相关专家，在挖掘整理优秀传统气功功法的基础上，按照科研课题的方式，先后创编了 11 套健身气功新功法。

2016 年 10 月，中共中央、国务院印发了我国首次于国家层面提出的健康领域中长期战略规划——《“健康中国 2030”规划纲要》（以下简称《纲要》）。《纲要》指出，要发挥全民科学健身在健康促进、慢性病预防和康复等方面的积极作用。新时代群众对美好生活、科学健身愈加追求和需要，对学练健身气功的兴趣与日俱增。健身气功已成为深受广大群众喜爱和推崇的时尚健身运动。

为满足广大健身气功习练者的迫切需求，2019 年 7 月，我们开始启动健身气功图书的编撰工作。这次选取的 9 种新功法，在图书编写内容上与国家体育总局健身气功管理中心主编的内容有所不同。每本书共分三章：第一章是健身气功概述，第二章是具体新功法，第三章是新功法技术。每章内容的编排以方便习练者阅读、学练为宜，不仅适宜于健身气功初学者，而且对有一定基础的学练者也会有显著的增益和提高。

目前，健身气功成为广大群众强身健体、增强体质的一项养生选择。为了更好地继承和发扬优秀传统养生文化，推动健身气功的持续良性发展，我们推出了“武术中国”健身养生系列图书，希冀能为健身气功的推广、普及提供理论支撑和技术保障。由于编撰者的能力及水平有限，书中难免有纰漏与不足之处，敬请各位专家、学者、读者给予斧正。

河南电子音像出版社长期致力于武术文化的宣传和推广，出版了大量武术精品，以百集“中国民间武术经典”为代表，其在海内外发行之后，深受广大武术界朋友的欢迎和好评。此次“武术中国”系列出版工程，以中国博大精深的武术文化为核心内容，邀请诸多武术名家从少林武术、太极拳以及其他拳种的历史演变、风格特点、文化特点、养生健体功效、传世歌诀、套路概述、拳术套路、器械套路等方面详细阐述，以此普及传统武术套路，抢救挖掘稀有武术拳种。

“武术中国”系列于 2016 年入选“十三五”国家重点图书、音像、电子出版物出版规划，2019 年获得国家出版基金资助。这套丛书的出版发行，将有力地促进中国武术文化的发展和繁荣，对传播、推广、弘扬中华民族优秀武术文化，起到巨大的助力作用。

需要指出的是，本套书中详注的图片分解动作是针对入门者而言的基本动作，而视频演练者都是精熟于这些动作的武术行家，他们演练动作快速连贯、行云流水，从而有个别动作在幅度、节奏、速度等方面与书中静止的图片分解动作或存在些许出入。初练者在长期反复练习后，也能做到熟能生巧、灵活运用。

目录

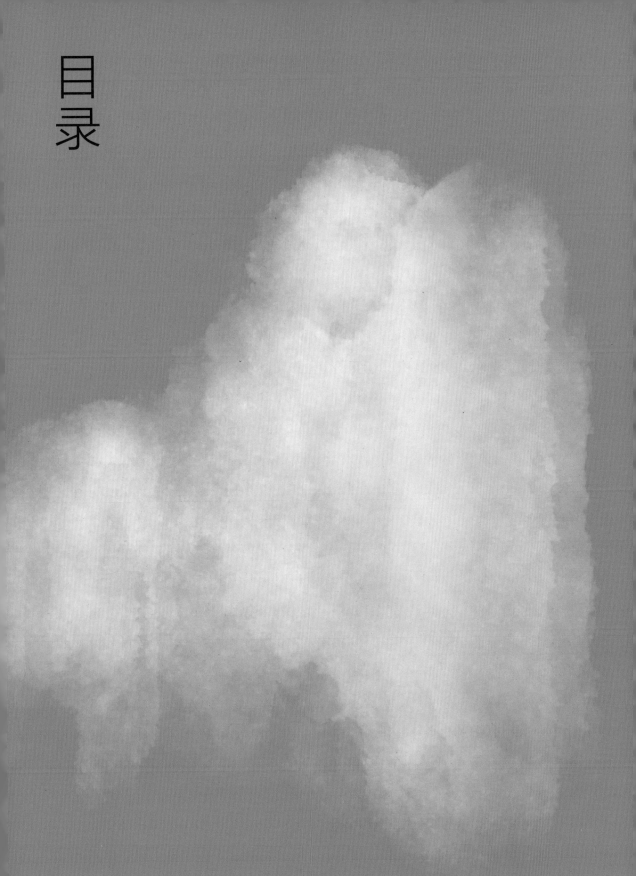

八段锦

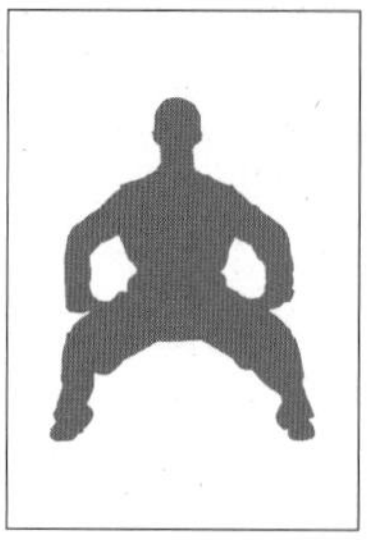
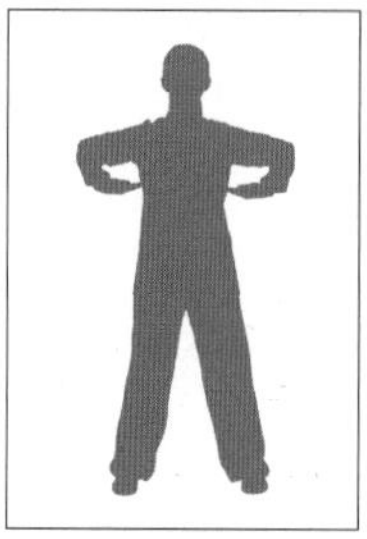
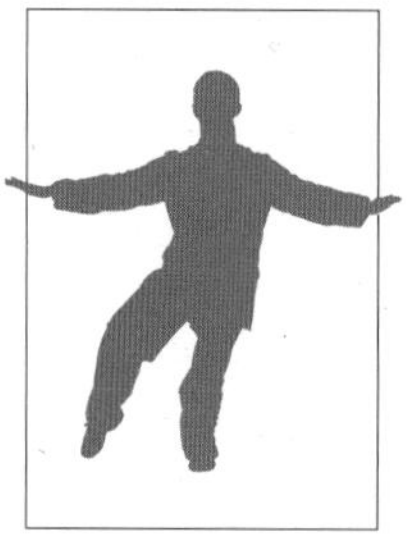
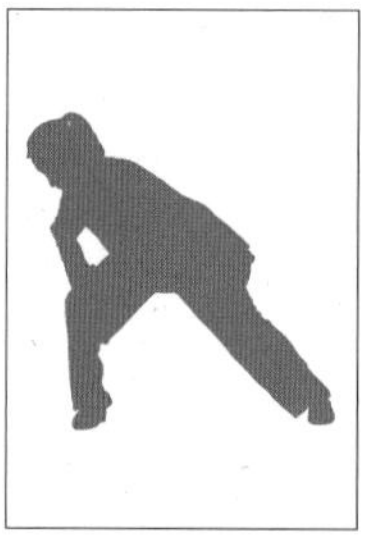
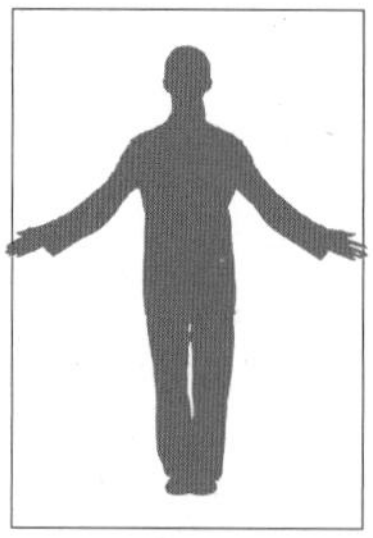
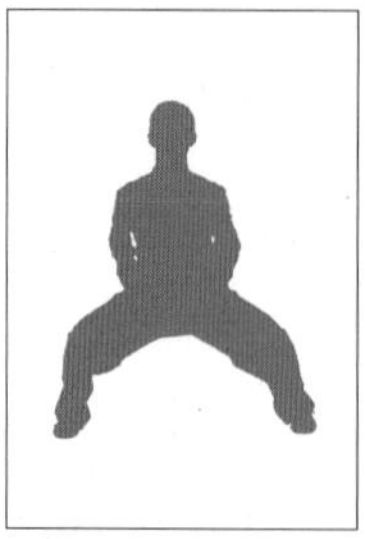

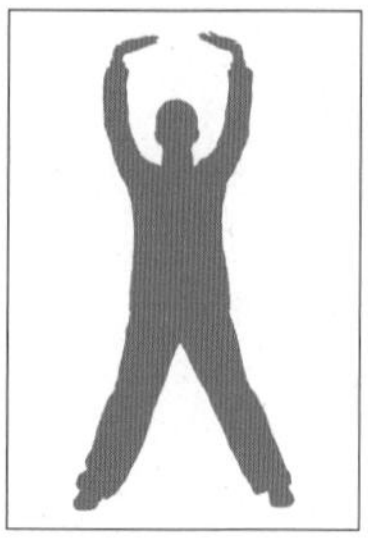
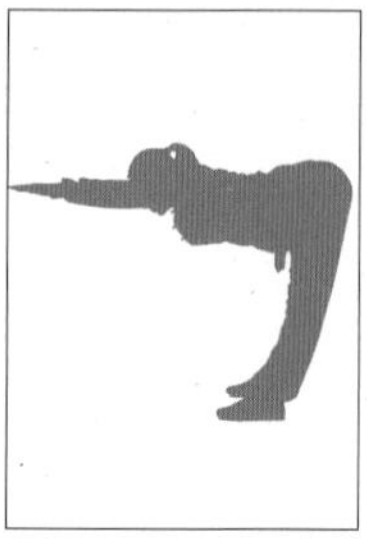
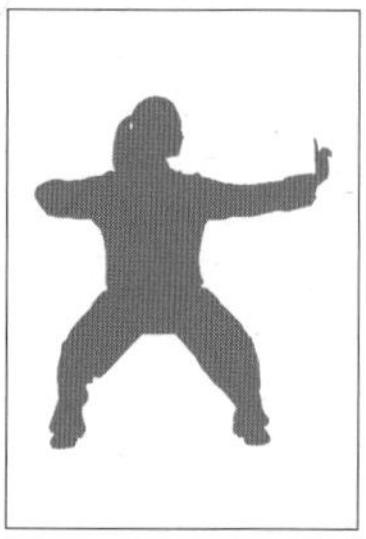
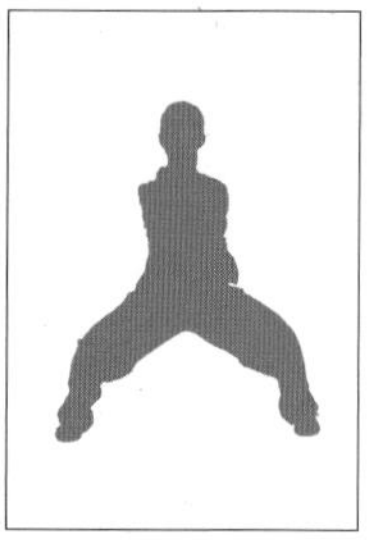
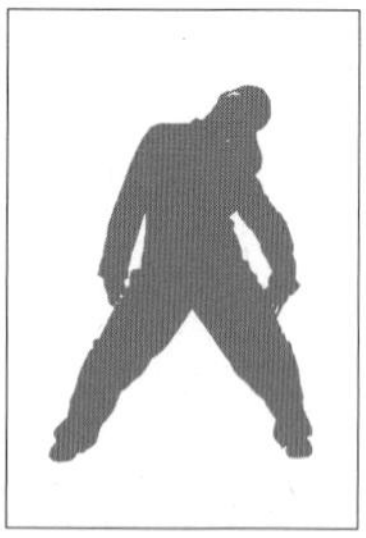
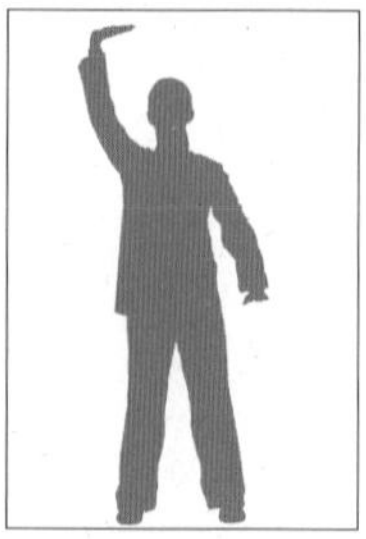

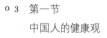

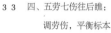

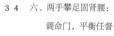

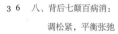

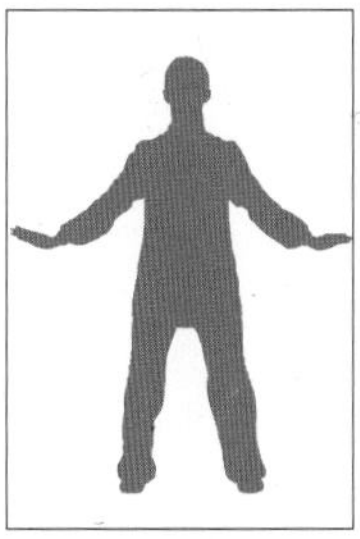

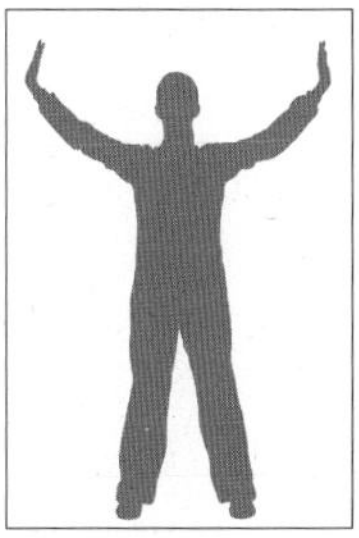

健身气功的起源与发展	健身气功的特点	推广健身气功的意义

健身气功强调调身、调息、调心合一。

第一章
健身气功概述

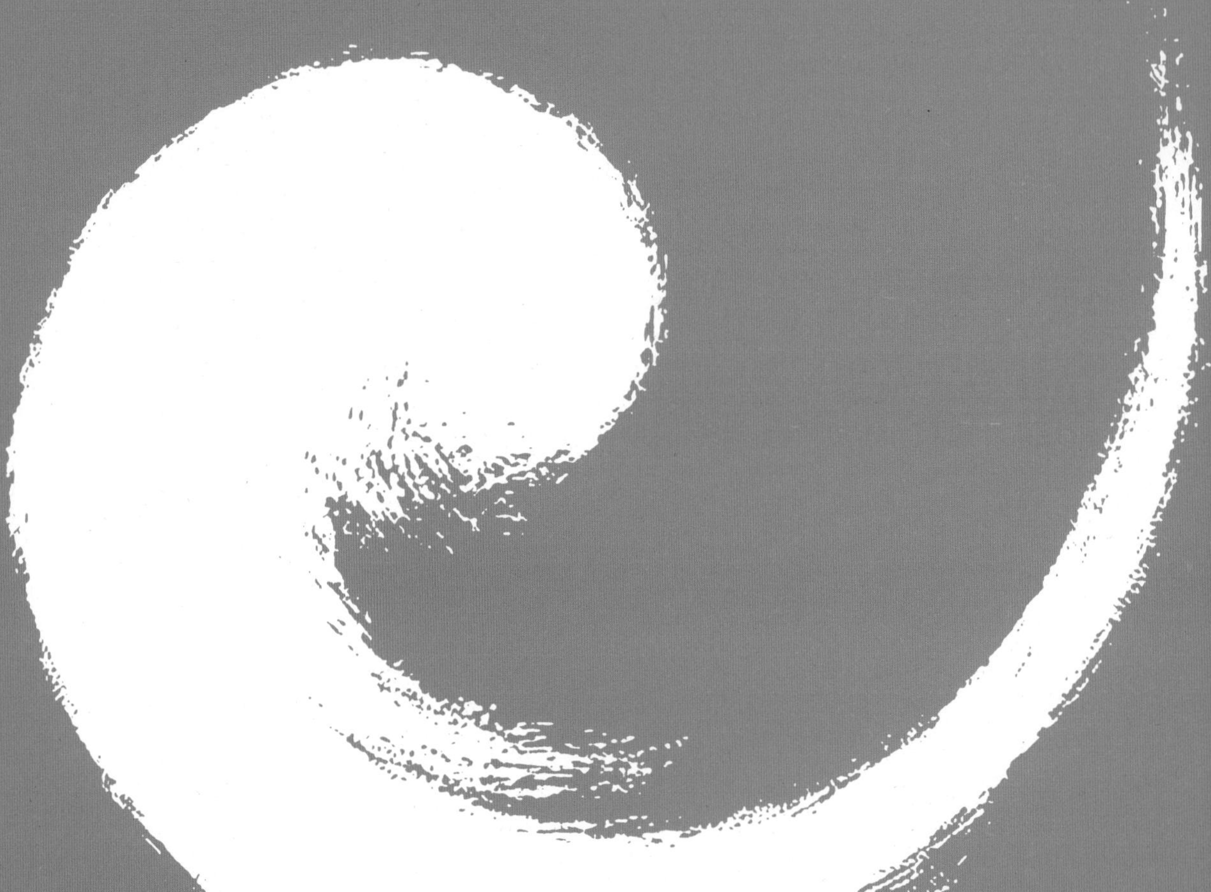

第一节 中国人的健康观

健康从古至今都是备受人们关注的话题，随着科学的发展、社会的进步，大家对健康内涵的认知也随之得到了极大的提升。

一、关于健康观

1. 原始健康观

原始社会，刀耕火种，囿于认知局限，古人没有厘清健康与生命的区别，认为健康就是生命，活着就是健康，健康就是活着，“长寿”和“无疾”就是当时人们的健康观。为了追求长寿和无疾，且出于对自然灾难的恐惧，一方面先人们求仙访道，企图通过神灵膜拜和祈福祝祷实现消灾祛病的愿望；另一方面在自我康复经验的基础上积极探索，基于饮食、情志、房劳、避病、运动等方面提炼出养生方法，诸如“食饮有节，起居有常，不妄作劳，适时进补，虚邪贼风，避之有时……精神内守，病安从来”“春三月，此谓发陈，天地俱生，万物以荣，夜卧早起，广步于庭，被发缓形”等，形成了传统中医的雏形，为中华传统中医药文化和养生学说奠定了基础。

2. 传统健康观

中国传统的健康观念根植于中华民族文化，呈现出多元化的特点。各家养生理论与养生实践或兴起，或继承，或延续，皆与其养生文化或其哲学思想一脉相承。中国传统的健康观念、养生理念汲取了儒、道、释等众家学说的文化精粹，在兼蓄三家、彼此独立又极具内涵特色的健康观的基础上，与人体机能进行有机联系，将疾病的产生、发展与养生、防病紧密地结合在一起。

（1）儒家健康观。

以孔子、孟子两位先贤为代表人物的儒家学派，主张饮食健康、心性修养、道德修身三者相统一的健康观，希冀通过合理的生活方式和精神修为来实现延年益寿。

在饮食方面，儒家认为饮食有节、餐时神注、长幼异食、食饮精良是减少疾病发生、增进健康的重要措施。在《论语・乡党》中有“食不厌精，脍不厌细”的论述，并提及关于食物的形、色、味、时、料等各种不食禁忌。

在心性修为方面，儒家奉行中庸、和谐、仁爱的思想，主张世人心性要不断完善，品行要持续修为。“中庸”讲究不偏不倚、平常适度。“天人合一”指人与自然、与社会、与他人要和谐相处，在各种交互关系中寻求“中和之美”，是一种高境界的和谐观。《孟子・尽心上》中提到“尽其心者，知其性也。知其性，则知天矣”，主张把人类精神世界放于天地、万物乃至宇宙中去体悟、扩充、锻铸，使人类心灵在更宏大的背景中得以开放和旷达。这正是儒家精神追求的气魄和格局。

在道德修身方面，孔子有“大德必寿”“仁者无忧”“仁者寿”的观点，意指凡注重自我人格的完善，加强德行修养，胸怀坦荡、仁慈谦让、精神爽朗、光明磊落的人，都能健康长寿。孔子言论中也有与上述正面要义相反的阐述，如“小人长戚戚”，指道德修养不高，易斤斤计较、患得患失的人，若长期处于这种焦虑、紧张、不安的状态中，内心的平衡易被打破，容易导致神经系统和内分泌系统失调，使自身免疫力下降。孟子主张“得志，泽加于民；不得志，修身见于世。穷则独善其身，达则兼善天下”，以此劝慰人们既要积极进取，有所作为，又要洁身自好，尽力保持人格独立和心理平衡，以达到健康状态。儒家养生强调道德伦理的规范，推崇以德养生，这与现代健康观强调的道德健康有着异曲同工之妙。

（2）道家健康观。

以老子、庄子为代表人物的道家，主张天地万物应顺应自然发展的规律，维系人体体内、体外的阴阳平衡，清静无为、形神兼养的自然养生健康观。

阴阳平衡是生命活力的根本。阴阳平衡，则人健康，有精气神；阴阳失衡，则人就会患病、早衰，甚至死亡。所以道家养生的宗旨是维系生命的阴阳平衡。中国古代哲学经典巨著《易经》告诉我们，阴阳运动是万事万物的运动规律。生命阴阳平衡的含义是脏腑平衡、寒热平衡及气血平衡，其总则是阴阳协调，实质是阳气（功能）与阴精（血、津液等）的平衡，也就是人体各种功能与外在环境的协调。《黄帝内经·素问·生气通天论》中记载：“阴平阳秘，精神乃治；阴阳离决，精气乃绝。”“阴平阳秘”即指阴阳平衡，强调机体及其内外环境的相互平衡与协调，方能保持身体的整体健康。

道家对个体心性的修养也极为重视。《庄子·内篇·养生主》讲“安时而处顺，哀乐不能入也，古者谓是帝之县解”，明确提出人体健康要顺应自然，保持良好情绪，切忌过分激动、大悲大喜等激烈的情绪波动。

在个体与社会的关系方面，道家主张“生道合一”，即凡热爱自己生命，并泛爱万物生命的人，可与大“道”相通，能“死而不亡”，使生命具有不朽的价值。道家的养生理论是：人不是独立的个体存在，而是存在于相互依存、相互制约的宇宙大系统中；个体生命的健康与周围的环境，包括自然环境和社会环境，是息息相关的，且注重整体的协调性。这些论述与现代健康观所要求的良好社会适应性内涵相似度颇高。

在个体道德修养方面，道家注重“性命双修”，即修性、修命同等重要，“性功”贯穿“命功”，所谓“修得一分性，保得一分命”，因此，修炼离不开内在的心性和道德的修养。《抱朴子·内篇·对俗》中有“欲求仙者，要当以忠孝、和顺、仁信为本。若德行不修，而但务求玄道，无益也”。道家认为，要想“与道合真”，必须修德，多做合乎道德之事，不让世俗的喜怒哀乐扰乱自己的恬淡心境，从而保持自己的自然天性。通过这种精神状态的修炼，不求于“道”，而“道”自归之，无为而自得。“药王”孙思邈在《千金要方·养性》（《千金要方》原名（《备急千金要方》）中也说：“夫养性者，欲所习以成性，性自为善，不习无不利也。性既自善，内外百病自然不生，祸乱灾害亦无由作，此养性之大经也。”同时还指出：“德行不充，纵服玉液金丹未能延寿。”这些都是强调道德修养对人体健康的重要影响。

（3）释家健康观。

以释迦牟尼为宗的释家学派奉行的健康观，主张遵循佛教的行为规范，约束修行者的所做、所言、所想。通过释家特有的修行方式“禅定”或“禅修”，修身养性，克服外界六尘（色、声、香、味、触、法）的诱惑和内心七情六欲的困扰，精神得以专注、安详，并因“禅定”使人产生智慧，排除人内心产生的种种烦恼和颠倒妄想，解除人的“心病”，从而达成释家所认为的修行健康。

佛教认为，人的身体由地、水、火、风四大要素构成，如若“四大”不调，便会产生种种疾病，加上生命无常，必然带来生老病死的痛苦。因此，佛教反对对身体过分的照顾，认为应将更多的时间和精力用于学佛悟道，以自利利他，广度众生。另外，佛教认为“人身难得”，应倍加珍惜。若病痛缠身，则无法安心修悟，所以学佛之人应“借假修真”，应具有健康的体魄。

佛教不仅重视自我保健，还鼓励主动关心他人疾苦。大乘佛教秉持“慈悲济世”的思想，有专究医药的医方明。在藏传寺院中还设有专门的藏医学院，探究藏医学的发展。在汉传佛教历史中，僧人长寿者甚多，不少高僧熟谙医术，悬壶济世，为世人所称道。

在个体与社会的关系方面，释家学派教导人们通过对心灵的净化，达到人与天地万物的和谐，即人与人、人与自然、人与社会的和谐依存。

在个人道德修养方面，释家主张为善去恶，以慈悲立心，通过抑制内心的恶，扩充内心的善，以期形成良好的善心状态，从而达到心灵的宁静与和谐。“五戒”是佛教徒必须遵守的基本戒律，即“不杀生，不偷盗，不邪淫，不妄语，不饮酒”，是释家“因戒生定，因定发慧”“断诸恶法，修诸善法”的基本持守，强调了品行修养对个体生命的精神意义。

除上述三家健康观外，对于人类健康的研究，我们不能不提及中医家健康观。

（4）中医家健康观。

中医家健康观注重人体健康的整体性和系统性，主要有预防观、整体观、平衡及辩证观，目的在于未病先防，未老先养，天人相应，形神兼备，调整阴阳，补偏救弊，动静有常，和谐适度。

中医家健康观讲究动态平衡、阴阳平衡，认为阴阳者，天地之道也，万物之纲纪，变化之父母，故“夫四时阴阳者，万物之根本也”。哲学上的阴阳学说用来解释世界，养生学上的阴阳学说用来解释人体，认为人体“内有阴阳，外亦有阴阳。在内者，五藏为阴，府为阳；在外者，筋骨为阴，皮肤为阳”。对于养生，《黄帝内经》认为，必须“审其阴阳，以别柔刚；阳病阴治，阴病阳治”。人体是一个处于动态平衡的有机整体，在阴阳方面表现为互根互化、消长平衡，在脏腑之间表现为相生相克、相互制约，在人与外界的关系方面表现为天人相应，等等。中医家深受中国传统文化中“天人相应”整体观的影响，认为人体顺应自然界的变化，尤其是顺应四季气候的变化，也是健康的关键所在，由此则发展出“四时五藏阴阳”等脏象理论。

中医家认为人体是形神相依、心身相关的统一体，形与神相互依附，不可分割。形为神之宅，神为形之主，无形则神无以生，无神则形无以活。由此，中医家认为健康建立在形神二者和谐统一的基础上，正如《黄帝内经·素问》所言：“故能形与神俱，而尽终其天年，度百岁乃去。”

中医家还讲究“正气”，正气又称为“元气”“真气”等。中医家认为：正气是人体生命活动的动力和源泉，是维持和体现人类生命健康的基础所在；正气与病邪相对而立，对人体生命活动有推动、温煦、防御、固摄作用。

以实用、实效为目标的中医家强调动静结合的健康观。孙思邈认为生命要有动有静，动静结合方为妙。他倡导的“动”意指“流水不腐，户枢不蠹”；他倡导的“静”是在超越佛教“禅定”、道教“坐忘”的行为之上，更追求精神气质的从容安详，静则神藏，静则神养，静则神清志宁。

3. 现代健康观

现代健康的含义已远远超越了原始健康观所推崇的身体无疾这

样的单一含义。根据世界卫生组织（WHO）的解释，健康不仅是指一个人的身体没有出现疾病或虚弱现象，而且还指生理上、心理上和社会适应性上的完好状态，这就是现代关于健康认知的较为完整的科学概念。相关专家经过研究后得出如下健康公式：

健康 = 情绪稳定 + 运动适量 + 饮食合理 + 科学的休息

现代健康观推崇的是整体健康，是多元的、全面的健康，可以归纳为生理、心理和社会适应性三个方面，同时这三个方面又通过相互作用而建立联系，使得人们以全面健康的面貌参与到广泛的社会生产和生活中。现代健康观包括以下几点。首先，身体健康是全面健康的物质基础。身体指人体的生理结构，包括体重、视力、力量、肢体协调性、忍耐力、对疾病的易感水平和恢复力等具体方面。其次，心理健康是全面健康在精神层面的要求，包括智力、情绪、意识等精神方面。智力是指人们接收和处理信息的能力，在很大程度上决定了我们的生活质量。需要特别提及的是情绪对健康的影响。情绪往往表现为生气、快乐、害怕、同情、罪恶、爱和恨等感情性表达，也包括人们看待现实社会、处理压力，以及灵活处理冲突的能力。尤其在日常生活中，主动的情绪管理会影响到生活的各个方面，一个积极向上、有情绪管理意识的人不会放任情绪的奔流，不会容忍生活的无趣，而是积极营造生活，让自己的人生充满光亮，从而达到现代健康观所倡导的全面健康。再次，社会适应、社交能力是全面健康的社会性要求。每个人自出生开始，就与父母及其他家庭成员生活相处；既长，迈入校园，开始与同伴、老师交往；工作后，与更大范围的社会各界人士交往。良好的社会适应性是指能否融洽地与社会相处，能否善意地欣赏他人、快乐地接纳他人，能否恰当地化解人际冲突，能否在社会交往中获得积极向上的生活乐趣，这都是个体社会适应能力的体现。

良好的社会适应性是以身体健康和心理健康为基础条件的，心理健康是身体健康的精神支柱，身体健康又是心理健康的物质基础。良好的情绪状态可以促使人体生理功能处于最佳的机能状态，反之，则会降低或破坏某些生理功能，最终诱发疾病。身体状况的改变可能带来多种心理问题，如身体疾病、生理缺陷，特别是沉疴痼疾，往往使人产生诸多不良情绪（烦恼、焦躁、忧虑、抑郁等），从而产生心理障碍。

全世界公认的关于健康的13个标志：

（1）生气勃勃，富有进取心；

（2）性格开朗，充满活力；

（3）正常身高与体重；

（4）保持正常的体温、脉搏和呼吸；

（5）食欲旺盛；

（6）明亮的眼睛；

（7）不易得病，对流行病有足够的耐受力；

（8）正常的大小便；

（9）淡红色舌头，无厚厚的舌苔；

（10）健康的牙龈和口腔黏膜；

（11）健康的肤色，光滑而富有弹性的皮肤；

（12）顺滑、带有光泽的头发；

（13）坚固且带微红色的指甲。

二、关于亚健康

世界卫生组织认为，亚健康是介乎健康与疾病之间的中间状态，即身体还未达到明显的疾病程度，又不符合完全的健康标准，两者间的一种中间态。通俗来讲，就是生理生化指标显示正常且器质检验结果指示为阴性，人体却有多样不适感觉。这是在社会进化、科学发展、人们生活水平提高后，现代医学提出的一个全新的医学概念。它与现代社会中人们的不健康生活方式，与所承受的不断增大的社会压力，与日益严重的环境污染等都有直接的因果关系。

亚健康主要有以下三大类临床表现：躯体性亚健康状态、心理性亚健康状态、社会性亚健康状态。躯体性亚健康状态主要表现为疲乏无力、精神萎靡不振，适应能力和工作能力、工作效率显著降低，免疫力低下等。心理性亚健康状态主要表现为容易产生焦虑、烦躁情绪，易怒，注意力无法集中，失眠多梦等，情况比较严重的时候，还会伴有胃痛、心悸等症状。如果这些问题持续发展，甚至会导致机体内部平衡的紊乱，从而诱发一系列疾病，比如心血管疾病和肿瘤等。社会性亚健康状态主要表现为与周围人群及社会成员的关系不和谐，产生一种被社会抛弃或者遗忘的孤独感。研究发现：亚健康状态会在无干预的情况下不断发展，如果长期对亚健康状态听之任之，不给予积极必要的应对和调整，亚健康状态就会向更深远的方向持续发展，导致更严重的后果；一旦发现并及时采取适度干预措施，亚健康状态就很可能向着健康方向转化。

相关研究罗列出了亚健康的30种常见症状，提供给人们作自我对照检测。在以下30种症状中，如果自查结果有6项或6项以上者，则可视为进入亚健康状态。

（1）精神紧张，焦虑不安；（2）孤独自卑，忧郁苦闷；
（3）注意力分散，思维肤浅；（4）遇事激动，无事自烦；
（5）健忘多疑，熟人忘名；（6）兴趣变淡，欲望骤减；
（7）懒于交际，情绪低落；（8）常感疲劳，眼胀头昏；
（9）精力下降，动作迟缓；（10）头晕脑涨，不易复原；
（11）久站头晕，眼花目眩；（12）肢体酥软，力不从心；
（13）体重减轻，体虚力弱；（14）不易入眠，多梦易醒；
（15）晨不愿起，昼常打盹；（16）局部麻木，手脚易冷；
（17）掌腋多汗，舌燥口干；（18）目干低烧，夜常盗汗；

（19）腰酸背痛，此起彼伏；（20）舌生白苔，口臭自生；
（21）口舌溃疡，反复发生；（22）味觉不灵，食欲不振；
（23）反酸嗳气，消化不良；（24）便稀便秘，腹部饱胀；
（25）易患感冒，唇起疱疹；（26）鼻塞流涕，咽喉肿痛；
（27）憋气气急，呼吸紧迫；（28）胸痛胸闷，心区压感；
（29）心悸心慌，心律不齐；（30）耳鸣耳背，晕车晕船。

第二节 健身气功

健身气功是以健身为目的，将形体活动、呼吸吐纳、心理调节相结合，使身心状态趋向于“三调”（调身、调息、调心）合一的全身性养生运动项目。其由健身、气功两部分组成，“健身”意指使身体健康，“气功”是我国传统养生文化中独有的一种健身术。

一、健身气功的起源与发展

在中华民族发展的早期，人们在日常生产、生活中发现，辛苦劳作之后，通过抻腰、拍打及打哈欠等一些简单的肢体动作，能有效地缓解劳动所带来的躯体疲惫和肢体酸痛。随着科学的发展和生产力的进步，人们的生活水平和认知水平得到较大的提升，开始在自我生存的基础上，对保养、维护、改善和发展自我生命体质提出了较高层次的要求。

春秋战国时期，随着经验医学人士的开蒙，中华传统“养生”思想渐渐产生。《吕氏春秋》对此内容的记载较为丰富，养生理论也更为专题化。其主张趋利避害、顺应自然，首次提出了“节欲”的概念，认为感官欲求乃人之自然天性，绝不可听任欲望无限膨胀，必须有所节制；同时还主张在精神、饮食和居住环境等方面均应调节得当，并且创造性地提出了“流水不腐，户枢不蠹”的运动养生观。道家代表人物老子所著的《道德经》中关于养生的阐述，不仅成为中医理论中“天人相应”整体观的理论源泉，也提出了诸多气功修身养生的思想和方法。同时期的儒家，关于气功学说的观点，一方面重视个体精神和道德品行方面的“修身”，另一方面重视对身体的保养。《孟子》中的修身之道阐述得更加明晰，认为“一曰养心，二曰养气”。诸子百家在养生领域所做的各种大胆探索，为中华传统养生文化奠定了理论基础。

秦汉时期，中华“导引行气术”逐步形成。阴阳、五行、经络、脏腑学说在医学上的应用，使得养生理论日趋完善和系统化。被誉为中医学元典的《黄帝内经》不仅概括了人体生长发育的过程，探索了人体衰老的机理，还明确提出了后人极为推崇的“治未病”的思想，对预防病变、保健延年有极其重要的意义。华佗通过模仿虎、鹿、熊、猿、鸟的行为体态，创编了供大众健体养生所用的五禽戏，奠定了健身气功的基本形态。1973 年，考古学家在长沙马王堆三号汉墓中发现了一幅珍贵的帛画《导引图》，图中绘有 44 个不同的人体运动姿态，有诸如屈体、伸肢、跳跃、回旋等动作，既有立势、坐势之分，又有徒手动作、持用器械之别，多数动作是模仿动物形态而来，也标有配合动作的呼吸吐纳方法，部分导引术图旁还标有对应的适应病症。《导引图》帛画充分反映了当时健身气功发展的水平。

东汉时期，中国道教逐渐发展成为一个有组织的独立宗教，此时期也是印度佛教东渐初期。道教最重要的典籍《太平经》记载了不少关于气功的内容，其中的医世思想，把天下能够安平无病、阴阳相得、天地人和谐交互的中和“无病”称为“天地中和人心”。再加上这一时期佛教传入，佛家的一些修持方法和我国古代气功的修身养性相结合，从而丰富了我国古代文化中的生命之学，并从理论与实践两方面推动了中国养生学的发展。

魏晋南北朝时期，是中国传统养生文化发展成熟时期，其中以“内丹术”为特色的道教养生术得到了较大的发展。“内丹术”功法继承道家传统的行气、导引、服食、吐纳等修炼方法，以人的精、气、神作为练养对象，锻炼先天、后天之气，使三者在体内凝聚成

"丹"。这一时期，养生理论与中医学紧密结合，成长迅速，对中国传统养生学的发展产生了深刻的影响。

隋唐时期，包括导引在内的按摩疗法颇受重视。在太医署内设有按摩专科，它是我国气功史上最早的临床、教学机构。由于导引一科在隋唐官方医学中占有突出地位，所以它不仅对当时气功医学的发展起到了巨大的推动作用，而且使社会上涌现了一大批气功人才和气功专著。

两宋时期是导引养生术发展的重要时期，陈抟创编的"二十四节气导引坐功法"，以及"八段锦"（文、武八段）、"小老术"等养生功法的出现，使养生生活逐渐趋于时效化和理性化。此时儒、道、释、中医各种养生理论彼此影响、相互交融，使中国传统养生学走向了成熟。

明清时期，气功的发展达到了一个新的高度。气功更广泛地被医家掌握并应用，气功养生方法纷纷总结推出，大量养生著作编辑出版。此时，人们的价值观和健康观也随之发生变化，去疾、益寿、延年的养生术成为人们追求的热门和具有宗教意义的活动。此时期所产生的最具代表性的气功功法为易筋经和太极拳，标志着武术技击与内功修炼的结合已进入成熟阶段。此前的气功导引术主要适用于治病保健，并不强调内壮外勇，而易筋经以"气盈力健，骨劲膜坚"为锻炼目的，成为无数习练者的基本功法，使得气功在中华养生学的历史长河中，得到了长足的发展和进步。

中华人民共和国成立后，气功发展进入一个崭新阶段。在丰富多彩的传统功法的基础上，涌现出了许多今人编创的功法，习练气功的人数也在逐渐增多。

现阶段的健身气功与古代气功、导引养生术一脉相承，蕴含着深厚的传统儒、道、释、中医众家的健康理念。我国古代儒家的修身、养气，道家的吐纳、服气、行气、内丹、存思，释家的禅定、打坐、观想，中医家的导引、按跷及食饵、医药、起居等众家养生理论和方法，都属于气功范畴。健身气功利用动作对称、外导内引、“三调”合一等形式来调节人体的阴阳；通过习练特定招式来改善肢体、脏腑功能；依据五行学说的原理（五脏连周身）创编功法，对全身起到较好的锻炼作用。自古代养生思想的萌生到现代的健身气功，无不蕴含着浓厚的中华传统文化底蕴，其健身功效得到了广泛的认可。同时，随着“防未病”养生思想愈加深入人心，中华传统养生学的影响也在不断扩大，作为全民健身重要组成部分的健身气功，必将迎来新的跨越式发展。

为引导健身气功活动的健康发展，促进社会主义精神文明建设，提高全民体质，更好地为人民健康服务，1996 年 8 月，气功被正式纳入政府管理范围，有关部委联合下发文件，第一次提出了“社会气功”“健身气功”的概念。“社会气功”概念更多强调的是社会群体的参与性。“健康气功”概念则强调群众通过参与习练而达到强身健体、养生康复的效果。

如今，国家体育总局已将健身气功确立为第 62 个体育运动项目，并成立了专业的健身气功管理机构和健身气功协会，加强对群众性健身气功活动的管理，推动健身气功的普及。由此，健身气功逐步走上了规范化、法治化的发展轨道。

二、健身气功的特点

1. 全身锻炼

人的生命是精神与身体的统一。《淮南子·原道训》中云：“夫形者，生之舍也；气者，生之充也；神者，生之制也。”如果从形、气、神三者统一的人体生命出发，健身气功特有的“三调”合一的综合锻炼功效，正是区别于其他肢体运动的关键所在。另外，健身气功主动地、内向性地运用意识和呼吸来调动人体内在潜力，从而改善和增强人的整体功能，达到强身健体的目的。

2. 动作绵缓

柔和绵缓是健身气功的一个显著特征。它不仅表现在肢体外形和动作演练上不拘不僵、轻松自如、舒展大方、轻飘徐缓，而且在呼吸调控上要求深、细、匀、长，在意念运用上要求精神放松、意识平静，用意要轻，似有似无。这种动作圆活、心意慢运的行功节奏，体现了低强度、长时间阈值下的运动特点，可避免大强度运动后给人体生理带来的多种负效应，有利于在节省体能的情况下均匀地提高机体的各项生理功能。正如古人所言的“体欲常劳，劳无过极”。

3. 低强度

健身气功较传统太极拳等拳术动作难度低，简单易学，加之健身气功运动量小，单位时间的体能负荷不大，且对场地设施要求不高，室内室外均可进行习练，所以适合于不同基础、不同年龄、不同体质的人群习练，尤其适合中老年人养生及慢性病患者的自我恢复性习练。

4. 注重呼吸

健身气功坚持以形导气、以气运身、外导内引、内外合一的原则。对于呼吸则要求气随形运、顺畅自然、柔和协调、不喘不滞、动息相随、动缓息长、导气令和、息息到脐。其中，动息相随的动作基本规律是起吸落呼、开吸合呼、先吸后呼、蓄吸发呼。这个规律只可与其顺，不可与其逆，更不可强硬呼吸，否则易出现胸闷、气短、憋胀、心慌等不适症状。

三、推广健身气功的意义

1. 社会价值方面

构建社会主义和谐社会是一项系统工程，需要社会方方面面的共同努力。健身气功锻炼追求身心的和谐，注重从人体自身的和谐进入到人与社会的和谐、人与自然的和谐。从某种意义上讲，健身气功是一门关于“和谐”的学问。健身气功“天人合一”的理论基础，以及“三调”合一的锻炼方法，充分体现了和谐的思想内涵。健身气功的锻炼，同时还浸润着道德涵养的修炼与提升。无论是增强人民体质，还是建设社会主义精神文明，构建和谐社会，健身气功都不无裨益。因此，推广普及健身气功是一项功在当代、利在后世的全民事业。

以人民为中心是构建社会主义和谐社会的重要标志。不断满足广大人民群众日益增长的美好生活需要，正确反映和兼顾多方面利益，是以人民为中心的具体体现。健身气功是一项深受人们欢迎和喜爱的体育运动，按照国家体育总局“讲科学、倡主流、抓管理、促和谐”的工作原则，积极稳妥地开展健身气功活动，努力满足人们多元化的健身需求，无疑是以人民为中心的理念在社会工作中的具体表现。

安定有序是构建社会主义和谐社会的必要条件。一个安定有序的社会，必然是一个不同利益群体各尽所能、各得其所而又和谐相处的社会。健身气功在新的时代要求下，既担负着增强人民体质的光荣使命，也担负着正面引导、维护社会稳定的责任。经验表明，健身气功在社会群体中推广得好，对增强人民体质、推动社会进步起着积极的促进作用；推广得不好，则可能危害人民群众的身心健康，影响社会的和谐稳定。

2. 文化价值方面

健身气功根植于中国传统文化，其理论基于中国传统文化的思想基础，其行为方式受传统文化的制约。它犹如一棵枝叶茂盛的大树，其根须伸向四面八方，其文化构成多元，既吸收了中国传统哲学思想和中国传统文化的精华，又涵涉了古典经验医学、古典美学等传统科学的内核。

健身气功是具有中国民族风格的一项健身运动。在中华气功从古至今的发展脉络上，其内部结构和外部形态始终保有“形”“神”“气”的交融，整体风格镌刻着民族习惯、心理、情感等精神印迹。可以说，中国人独特的思维方式、行为规范、审美观念、心理模式、价值取向和人生观等都在健身气功中有不同程度的反映。此外，健身气功功法中交织着阴阳二气相互作用的生命律动，外取神态，内表心灵，着重在姿态展现的意境里显示卓越人格，堪称传统体育文化的代表。

习练健身气功既能强身健体，又能领悟和弘扬传统文化，更能使习练者懂得做人的真谛，进而完善人生的价值。在传承和弘扬中华健身气功文化时，我们要深刻理解健身气功文化的现实价值，深入挖掘健身气功文化中的有用成分，汲取健身气功文化精粹的思想内核，并使之与现代科学相适应，与当今文明相协调，这样才能使中华优秀的健身文化得以持续发展，发扬光大。

3. 体育价值方面

随着物质生活水平的不断提高，人们的体育健身意识不断增强，参与体育活动的人数也逐步增多。体育运动不仅成为身体锻炼的重要方式，而且成为社会时尚的代名词。健身气功不仅健身作用明显，而且内容丰富、形式多样，不同的功法有着不同的动作结构、风格特点和运动量，并且不受年龄、性别、体质、时间、季节、场地、器械等限制，人们可以根据自己的需要和条件，选择合适的功法进行锻炼。因此，作为民族传统体育项目的健身气功，不仅满足了人民群众多元化的健身需求，而且在推动全民健身活动蓬勃发展中发挥着重要作用。

我国是世界上老年人口最多的国家。相对而言，老年人属于社会的弱势群体，多数老年人不仅经济收入比较低，而且健康状况也不容乐观。因此，如何有效地增进老年人的身心健康、减轻他们的生活负担，是一项十分紧迫的社会课题。调查表明，经常习练健身气功的老年人，医疗费用支出明显低于不经常习练的老年人。健身气功具有动作柔缓、运动强度低、易练好学、场地随意、健身作用明显等优势，非常适合老年人的身体条件，迎合老年人心理特征。近年来，健身气功的推广普及实践表明，引导人民群众开展健康文明的健身气功活动，不仅促进了全民健身活动的发展，有效增强了习练者的体质，同时也丰富了群众的业余文化生活。广大习练群众对健身气功的认可，充分证明了健身气功的体育价值。

健身气功是国家体育总局健身气功管理中心组织全国体育养生、运动医学方面的专家学者，在经世传承的传统气功功法基础上，根据现代人们生活节奏和习惯创编的，其文化内涵丰富、文化底蕴深厚、健身养生效果显著。截至目前，由国家体育总局健身气功管理中心推出的四套健身气功普及功法有易筋经、五禽戏、六字诀、八段锦。随后又推出的五套新功法有太极养生杖、十二段锦、导引养生十二法、马王堆导引术、大舞。另外，在习练群众对新功法多元化的要求下，明目功于2019年加入健身气功功法大家庭，二十四节气导引养生功及站桩功也将逐步加入进来。为了使健身气功更好地服务于习练的朋友，并助力于“一带一路”建设，“武术中国”系列出版项目将会陆续推出以上各种功法的单行本读物。

八段锦的源流 | 八段锦的特点 | 八段锦的养生价值

八段锦是在传统八段锦的基础上改编而成的健身气功新功法。

第二章
八段锦概述

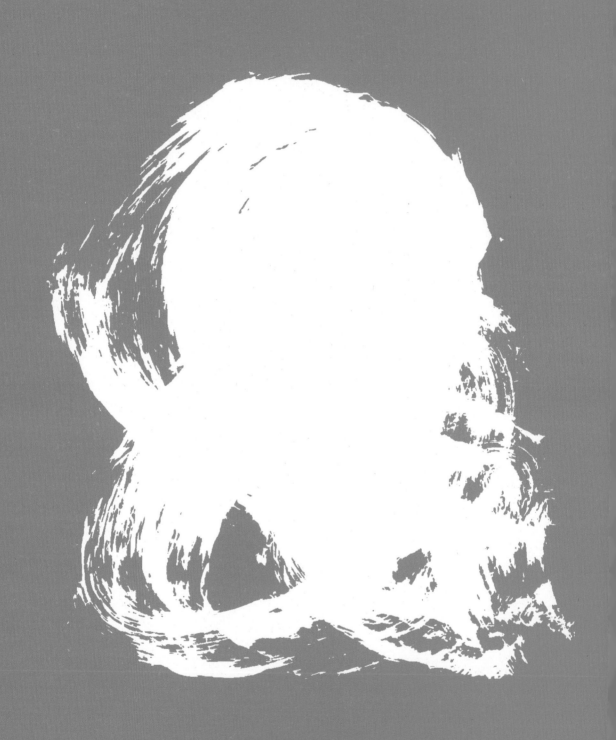

第一节 八段锦的源流

八段锦的“八”字，不单是指段节和八个动作，还表示其功法有多种要素，相互制约、相互联系、循环运转。明朝高濂在其所著的《遵生八笺》中的“八段锦导引法”里讲：“子后午前做，造化合乾坤。循环次第转，八卦是良因。”“锦”字，由“金”“帛”组成，以表示其精美华贵。除此之外，“锦”字还可理解为单个导引术的汇集，如丝锦那样连绵不断，是一套完整的健身功法。

有史料记载，八段锦之名最早出现在晋朝的养生学家葛洪所著的《神仙传》（《四库全书》本）中。文中没有详细讲明八段锦的具体内容，只是做了一些概括，如“士大夫学道者多矣，然所谓八段锦六字气，特导引吐纳而已”。还有资料记载八段锦最早见于南宋洪迈的《夷坚志》，其中描述：“政和七年，李似矩为起居郎……尝以夜半时起坐，嘘吸按摩，行所谓八段锦者。”另外，南宋绍兴二十一年刊行的晁公武撰写的《郡斋读书志》中所引录的藏书目录中，载有题为《吐故纳新之诀》的《八段锦》一卷。

八段锦分为文八段锦和武八段锦，也就是我们所说的立八段锦和坐八段锦。其中立八段锦动作简单，便于习练，并且影响广泛，所以，国家体育总局健身气功管理中心以立八段锦为蓝本进行挖掘、整理和编创，然后有了今天的八段锦。本书将重点对立八段锦的源流和有关情况进行分析介绍。

立八段锦在养生文献上首见于南宋曾慥著的《道枢·众妙篇》，文中曰：“仰掌上举以治三焦者也；左肝右肺如射雕焉；东西独托，所以安其脾胃矣；返复而顾，所以理其伤劳矣；大小朝天，所以通其五脏矣；咽津补气，左右挑其手；摆鳝之尾，所以祛心之疾矣；左右手以攀其足，所以治其腰矣。”这时的八段锦没有定名，其文字也尚未歌诀化。之后，在南宋陈元靓所编的《事林广记·修真秘旨》中才定名为“吕真人安乐法”，其文已歌诀化：“昂首仰托顺三焦，左肝右肺如射雕；东脾单托兼西胃，五劳回顾七伤调；鳝鱼摆尾通心气，两手搬脚定于腰；大小朝天安五脏，漱津咽纳指双挑。”明清期间，立八段锦得到了很大发展，并广泛传播。到了清末，《新出保身图说·八段锦》首次以“八段锦”为名，并绘有图像，形成了较完整的动作套路，此时的歌诀为：“两手托天理三焦，左右开弓似射雕；调理脾胃须单举，五劳七伤往后瞧；摇头摆尾去心火，背后七颠百病消；攒拳怒目增气力，两手攀足固肾腰。”从此，传统八段锦动作就被固定下来。

八段锦在民间流传中出现过许多类型和派别。首先，依据形式，分为坐八段锦和立八段锦，这两种形式都同出一源——释门，僧人们将其作为健身养生的方法和武术基本功来练习，通过外在的形体练习，达到舒筋活络、调理脏腑气血、强健筋骨的健身养生效果。其次，依据地域，又分为南、北两派。其中行功时动作柔和，多采用站立动作的，被称为南派，伪托梁世昌所传；而动作多马步，以刚为主的，被称为北派，附会为岳飞所传。其实不管哪种形式或者哪种派别，八段锦最终的目的都是祛邪祛疾、健身养生、延年益寿。

那么，八段锦究竟为何人、何时所创？目前尚无定论。但从湖南长沙马王堆三号墓出土的《导引图》可以看到，其中至少有 4 幅图与八段锦图中的“调理脾胃须单举”“双手攀足固肾腰”“左右开弓似射雕”“背后七颠百病消”动作姿态高度相似。另外，从南北朝时期陶弘景所辑录的《养性延命录》中也可以看到类似的动作图。例如，“狼距鸱顾，左右自摇曳”与“五劳七伤往后瞧”动作相似，“顿踵三还”与“背后七颠百病消”动作相似，“左右挽弓势”与“左右开弓似射雕”动作相似，“左右单托天势”与“调理脾胃须单举”动作相似，“两手前筑势”与“攒拳怒目增气力”动作相似。从这些资料来看，八段锦与《导引图》和《养性延命录》有一定的历史渊源。

中华人民共和国成立后，党和政府对民族传统体育项目非常重视。20 世纪 50 年代后期，人民体育出版社先后出版了唐豪、马凤阁等人编著的《八段锦》，后又组织编写小组对传统八段锦进行了挖掘、整理，并创编了健身气功新功法八段锦。到 20 世纪 70 年代末 80 年代初，八段锦作为民族传统体育项目开始进入我国大专院校课程。这些都极大地促进了八段锦的发展与推广普及。

第二节　八段锦的特点

一、神形兼备，气寓其中

八段锦的每个动作以及动作之间都体现了意动形随、形神兼备的特点。“神”指人体的精神状态和正常的意识活动；“形”指在意识支配下的外在形体表现。“神为形之主，形乃神之宅”。所以，神与形是相互联系、相互促进的整体。

如“摇头摆尾去心火”要求以意识导引形体，全神贯注于运动之中，从而意动形随、虚实相生，充分体现动作的内涵与意境，真正达到“神形兼备，内外合一”。

“气寓其中”在八段锦习练过程中体现为通过精神的修养和形体的锻炼，促进真气在体内运行，达到强身健体的功效。在中医学中，气是指构成人体及维持生命活动的最基本能量。其中包括先天精气、后天水谷之气和呼吸而入的清气，这些可划分为元气、宗气、营气、卫气、脏腑经络之气。八段锦练习的关键，是掌握“提、托、聚、沉”四种调节呼吸的方法，即起吸落呼、开吸合呼、蓄吸发呼，并在每一段主体动作中的松紧与动静的变化交替处采用闭气。

如“两手托天理三焦”，两手上托时吸气，“托天”时闭气，两手下落时呼气。但需要注意的是，在动作初学阶段，要以自然呼吸为主，不要刻意追求呼吸的细匀深长、呼吸与动作的配合，不要让呼吸成为心理负担，以免出现头晕、恶心、心慌、气短等现象。

同时，还要因人而异，量力而行，动作与呼吸的配合要顺应自然，在循序渐进的过程当中进入不调而自调的状态。

二、柔和缓慢，圆活连贯

习练八段锦时，要求动作柔和缓慢、圆活连贯。“柔和”指习练时动作不僵不拘、轻松自如、舒展大方；“缓慢”指习练时身体重心平稳、虚实分明、轻飘徐缓；“圆活”指动作路线带有弧度，不起棱角，不直来直去，符合人体各关节生理弯曲的自然状态；“连贯”指动作的虚实变化和姿势的转换之间自然衔接，无断续之处，既像行云流水连绵不断，又如春蚕吐丝相连无间。

如“调理脾胃须单举”，在其形体运动过程中，肢体动作要求连绵不断，并且在姿势的转换与动作的虚实变化中也要始终保持动作的连贯。同时，动作要柔和不僵、自然放松。

三、松紧有度，动静相兼

在八段锦习练过程中，“松”体现为肌肉、关节以及中枢神经系统、内脏器官的放松。即在意识的主动支配下，逐步达到呼吸柔和、心静体松但松而不懈的状态；“紧”体现为适当用力，且缓慢进行。要注意的是，紧在动作中只是一瞬间，而放松则贯穿动作始终。

“动静相兼”指在练功方式上强调静功与动功的密切结合，在练动功时要“动中有静”、练静功时要“静中有动”。八段锦中的动与静主要是指身体动作的外在表现。“动”是在意念的引导下，动作轻灵活泼、节节贯穿、舒适自然；“静”指在动作的节分处做到沉稳有力。另外，适当用力和延长动作时间，能够使相应的部位受到一定强度的刺激，有助于提高锻炼效果。

如“双手托天理三焦”的“托天”动作，要求双肘伸直，两手用力撑平，此时动作稍停片刻，然后缓慢松开十指下落。这个动作看似略有停顿之感，但内劲没有停，肌肉仍旧持续用力，保持牵引抻拉。还有“左右开弓似射雕”的马步拉弓、“调理脾胃须单举”的上举、“五劳七伤往后瞧”的转头和旋臂、“攒拳怒目增气力”的冲拳和抓握、“背后七颠百病消”的脚趾抓地和提踵等，都体现了松紧有度、动静相兼这一特点。

第三节 八段锦的养生价值

一、两手托天理三焦：调全身，平衡阴阳

本动作名称中的“两手托天”是动作要领，“理三焦”是对其养生作用的概括。

“三焦”是中医学中的一个特有名词，其意大致有二。一指人体的三个部位——上焦、中焦、下焦。唐代医家杨玄操谓：“自膈以上，名曰上焦，自齐（脐）以上，名曰中焦，自齐（脐）以下，名曰下焦。”二指六腑（胆、胃、小肠、大肠、膀胱、三焦）之一。本动作所称的“三焦”显然是前者，借用“三焦”代指全身上下。

本动作要求自然站立状态下十指交叉上托，翻掌举至头顶上方，力达掌根，两臂伸展，双腿直立。这个过程使全身各个关节和经脉几乎全部参与锻炼，可刺激和调理人体上、下肢分布的手足三阴、三阳经，躯干前后分布的任、督二脉，同时两手托天时配合吸气，可扩展胸廓，增加肺通气量和心脏的血液灌注量，从而增强肺部功能。综合来讲，本动作的养生作用具体体现为三个方面：一是调理作用，使全身的关节、肌肉、脏腑等均能得到调养；二是平衡作用，通过对阴阳经脉的刺激，起到调整人体阴阳的作用；三是桥梁作用，本动作虽然动作运动量较小，但全身都能得到运动，因此，可为整套功法的锻炼起到“热身”作用，从而使锻炼者顺利地从偏于静的“预备势”，过渡到运动量较大的“左右开弓似射雕”。

二、左右开弓似射雕：调左右，平衡金木

本动作旧称“左肝右肺似射雕”，其中“似射雕”是动作要领，“左肝右肺”是言其作用。

这里的“左肝右肺”是指“肝生于左，肺藏于右”（《黄帝内经·素问·刺禁论》）。隋代医家杨上善对其注曰：“肝者为木在春，故气生左。肺者为金在秋，故气藏右也。”从五行属性而言，肝属木，主疏泄，肝气以升发为顺；肺属金，主全身之气，肺气以肃降为畅。从肝、肺关系来看，肺金对肝木保持适度的制约，是正常的生理状态，称为相克；如果肝木太盛，对肺金形成反克，则为病理状态，表现为肝升太快，肺降不及，称为相侮。保持肝（木）肺（金）之间正常的相克关系，对于维持人体的健康是必需的。

在习练本动作时，通过马步状态下两手“左右开弓”，对左（主升之肝气）、右（主降之肺气）进行科学的调节，以保持人体气机正常的升降状态。另外，“左右开弓似射雕”的动作可以扩胸，所以，它除了对肝、肺有保健作用外，对位于胸腔（上焦）的心脏，也有较好的保护作用。又因为肺主气、心主血，故经常习练本动作，也有利于气血的运行。

三、调理脾胃须单举：调中焦，平衡升降

本动作名称中的“须单举”是其动作要领，“调理脾胃”说的是它的作用。这里需要说明的是，本句话在语法上用了一种称为“互文”（即“互文见义”）的修辞手法。“单举”的意思是一只手举起来，那么，另外一只手怎么运动呢？字面上没有直接交代，但透过修辞手法，我们可以知道另一只手的动作与上举相反——下按，也就是说本动作的要领是“须单举、单按”。

中医学认为，脾、胃同居中焦，相互协调，共同完成一系列复杂而重要的生理功能。如食物的受纳、消化与吸收，气血的生化，气机升降的调节，等等。本动作主要作用于脾、胃气机的调节。脾为五脏之一，其气主升；胃为六腑之一，其气主降。脾、胃之升降，是全身气机升降的枢纽，而一旦这种脾升胃降的状态遭到破坏，人体就会产生相应的疾病。《黄帝内经·素问·阴阳应象大论》之“清气在下，则生飧泄；浊气在上，则生䐜胀”，指的就是：该升而不升的脾气“在下”，就会出现下利清稀、完谷不化之类的病状；反之，如果该降而不降的胃气“在上”，则会出现胀闷不舒之类的病状。

本动作通过两手一上一下，帮助中焦脾、胃气机的升降维持在一个平衡的状态，如能配以相应的调心方法以及深长匀细的呼吸，则效果更佳。

四、五劳七伤往后瞧：调劳伤，平衡标本

本动作为治疗性功法，“往后瞧”是它的动作要领，“五劳七伤”是指“五劳七伤者”，合在一起暗含“往后瞧”能治疗“五劳七伤”类疾病。

中医对“五劳七伤”有多种不同的说法。“五劳”既指心劳、肝劳、脾劳、肺劳、肾劳五种虚劳病症，又指五种劳伤的病因；“七伤”既指喜、怒、悲、忧、恐、惊、思七情伤害，又指七种劳伤的病因。如果精神持久处于紧张等不好的状态中，就会造成神经机能紊乱，气血失调，从而导致脏腑功能受损。从本动作的语境和锻炼方法来看，这里的“五”“七”均为约数，泛指各种慢性、劳伤性疾病。中医学认为，肾中精气为五脏精气的根本，肾气充足，是五脏及全身气血充沛的前提。另外，中医学还有“久病及肾”之说，任何疾病如久治不愈，都会影响到肾。因此，无论何种劳伤，治其当离不开补肾。肾居下焦，位于腰部，“往后瞧”通过转腰对肾脏

进行“按摩”，可增强肾脏的功能，从而预防和治疗各种原因引起的劳伤性疾病。

五、摇头摆尾去心火：调上下，平衡水火

本动作与上一动作相似，也是治疗性功法，其中的“摇头摆尾”说的是动作要领，“去心火”是其作用。

中医学认为：心属火，位于人体上焦；肾属水，位于下焦。正常情况下，肾水上济，以制约心火，使之不至于过旺；心火下降，以温肾。两脏之间的这种生理关系称为“心肾相交、水火既济”。当因某种原因引起心火过旺时，通过补益肾水的方法，加以“灭火”是常用的治疗法则之一。

本动作正是据上述理论设定的，通过两脚下蹲、摆动尾闾，来导引腰骶部位，刺激脊柱和督脉的命门穴，再加上摇头动作，又刺激了大椎穴，从而可调理肾府，增强肾阴对人体各脏腑器官的滋养和濡润，最终达到“去心火”（舒经泄热）的目的。另外，在“摇头摆尾”过程中，脊柱、腰腹以及臀、股部肌群均参与锻炼，从而可增加颈、腰、髋关节的灵活性。但须注意的是，本动作的运动范围、运动量较大，颈椎病、高血压等患者及年老体弱者，应适可而止，不必过分强求动作的标准和幅度，以免引起头晕眼花等不适。

六、两手攀足固肾腰：调命门，平衡任督

本动作中，“两手攀足”是动作要领，“固肾腰”是锻炼目的。

中医学认为，人体腰、背、腹部有多条经脉经过，如足太阳膀胱经、足少阴肾经、任督二脉等。肾在身体下焦处，位于腰部，即“腰为肾之府”，肾生髓主骨，肾气、肾精增强能温养腰部，从而

畅通其所处经络和穴位，又有益于肾气、肾精的化生功能。俗话说“肾为先天之本，生命之源”，因此，肾气充足是人体健康长寿的基础。

本动作要求身体俯仰屈伸，可抻拉脊柱，刺激督脉所属的命门穴、腰阳关穴和足太阳膀胱经所属的肾俞穴，从而起到补足肾气、强腰固肾的效果。双手从背部往下一直摩运至足跟，接着从足跟环足外侧至脚面，然后双手上举，两臂伸直，这些动作进一步拉伸刺激了背部的足太阳膀胱经和足少阴肾经，特别是膀胱经上的委中穴，使其经络和重要穴位畅通，从而进一步加强对腰的保健强壮作用。

中医学的经络学认为，任脉为“阴脉之海”，能调节全身阴经之气血，且与上丹田相连；督脉为“阳脉之海”，能调节全身阳经之气血，且与中、下丹田相连。古人将气血在任督二脉中的运行过程喻作“小周天”。本动作中大幅度的俯仰屈伸，能使任督二脉受到一紧一松的“刺激”，从而起到调和经气、平衡阴阳的作用。

本动作主要以俯仰运动为主，对腰部的柔软性有较高的要求，因此，年老体弱及心脑血管患者，不必刻意强求动作的幅度，应根据自身状况，意到即可。

七、攒拳怒目增气力：调肝系，平衡身心

本动作旨在通过“攒拳怒目”的动作，达到“增气力”的目的。

中医学认为，肝藏血、主疏泄、主筋、开窍于目，与人的形体（身）和精神（心）方面的功能相关。肝主疏泄包括促进血液与津液的运行输布、脾胃运化和胆汁的分泌排泄、男子的排精与女子的排卵、调畅情志四个方面的具体内容；肝主筋是指肝血对于筋的濡养作用，而筋包括有收缩功能的肌肉和皮下经脉。因此，可以说肝

功能正常，则人精神愉快、筋骨强健、双目有神……

本动作中，马步下蹲、攒拳前冲使全身之筋处于“紧张”状态，怒目使目系也处于“紧张”状态，而兴奋了的筋、目通过肝（胆）的经络可刺激肝（胆）系，使之保持正常状态。另外，需要指出的是，“攒拳怒目”中，“怒目”应以拳为目标，待动作掌握熟练后，可随“拳”之出入配以相应的呼吸方法和调心方式，以辅助提高其健身养生效果。

本动作与“左右开弓似射雕”有一定的内在联系。如在动作方面，“左右开弓”中包含“左右冲拳”的影子；在锻炼对象方面，前者以调节肝肺气机之升降为主，后者以调节肝的疏泄功能为要。两者互补，共同起着强身健体的作用。

八、背后七颠百病消：调松紧，平衡张弛

从字面看，“背后七颠”是动作要领，“百病消”是其作用。但实际在动作要领中还隐藏了一个“松”字。换句话讲，通过“背后七颠”使全身及情志放松，从而达到百病消除。

中医学中重视情志养生。良好的精神状态可以提升脏腑功能及机体活动的协调性，增进健康；而不良的情志刺激会使机体功能紊乱、平衡失调，最终导致疾病的发生。

本动作中的“背后七颠”就是从形体放松入手，促进情志放松，最后达到身心松紧适度、形神张弛均衡的良好状态。首先，颠足而立，上提拔伸脊柱，下落震抖全身，可使全身肌肉、脏腑、脊柱放松，从而起到内安脏腑、外松筋骨的功效。其次，足底是足少阴肾经所过之处，所以颠足可刺激足少阴肾经，从而补足肾气，增强生命力，最终达到百病消除。

在八段锦前七个动作的锻炼过程中，因为上肢的抻拉、下肢的马步蹲起，所以全身形体紧张有余、松弛不足，而本动作的放松性锻炼正好能调节肢体的张弛度。另外，本动作是从运动量比较强的前七个动作，过渡到引气归元的“收势”，因此，还起着“桥梁”的作用。

总之，八段锦以中医基础理论为指导，以“调”为手段、“衡”为目的，进而达到健身养生的目的。其中“两手托天理三焦”“背后七颠百病消”作为练功的起、讫动作，以调节为主，平衡阴阳、平衡张弛；“左右开弓似射雕”“调理脾胃须单举”以调和为主，平衡气机之升降，有中医“治未病”之意；“五劳七伤往后瞧”“摇头摆尾去心火”以调治为主，平衡标本、平衡水火，用于治疗（或辅助治疗）劳伤性疾病或心火偏旺的虚实夹杂性疾病，可谓治疗性功法；“两手攀足固肾腰”“攒拳怒目增气力”以调摄为主，平衡任督、平衡身心，经常锻炼能起到固肾腰、增气力的作用，为典型的强壮性功法。

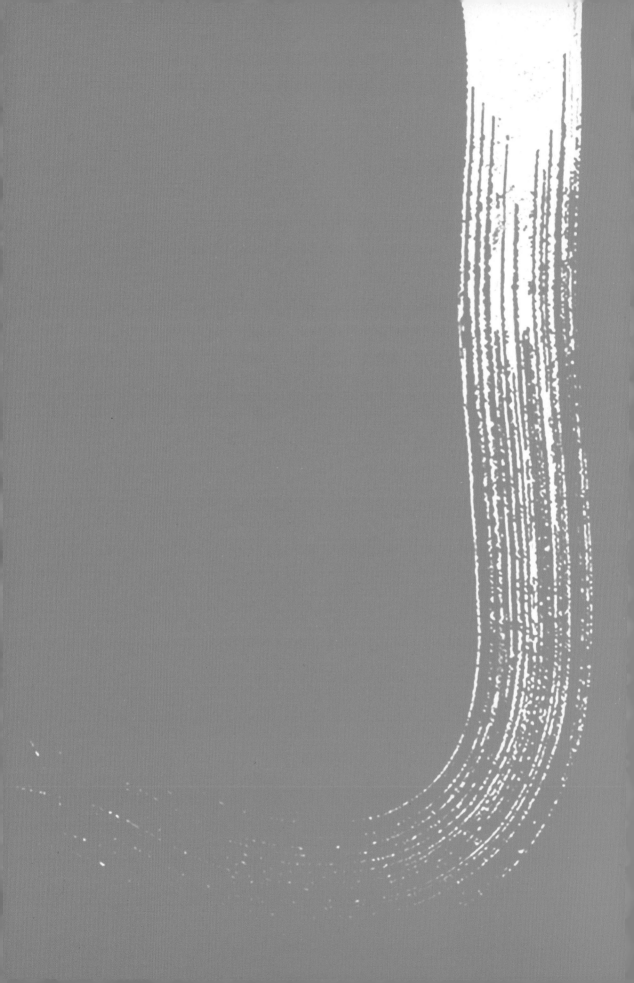

习练八段锦时要求神形兼备、气寓其中、柔和缓慢、圆活连贯、松紧有度、动静相兼。

第三章
八段锦功法技术

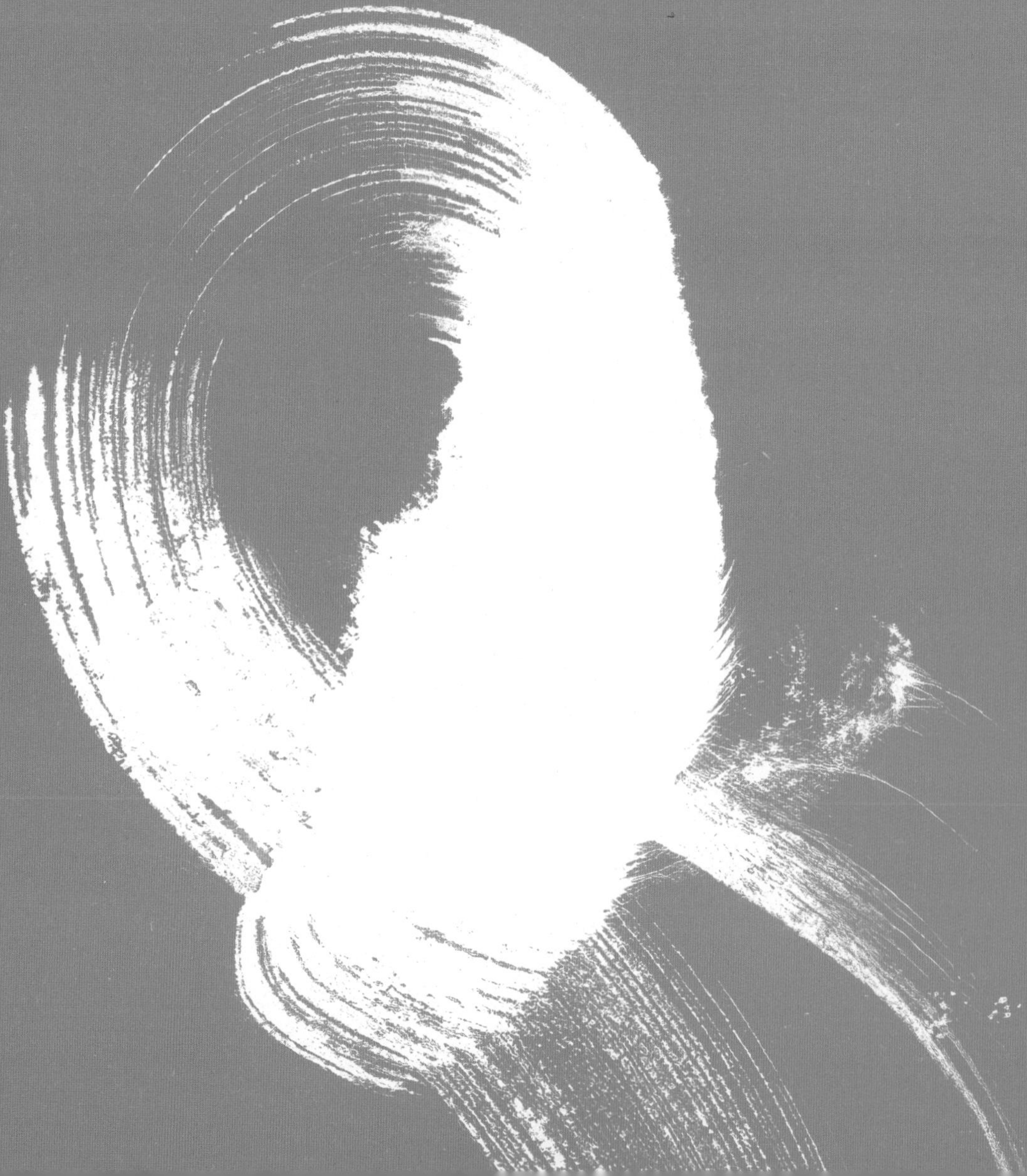

第一节 基本手型与步型

一、基本手型

1. 自然掌

图 1

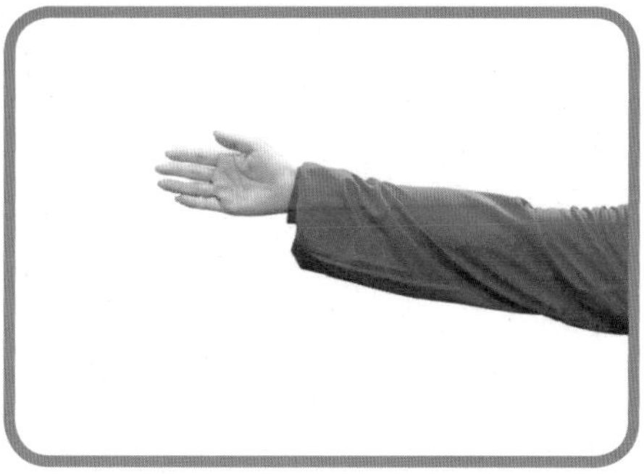

五指自然伸直，稍分开，掌心微合。

2. 握固

图 2

拇指抵掐无名指根节内侧，其余四指屈拢收于掌心。握固按握法不同分为从小指开始四指依次握固和四指同时握固两种。八段锦中的握固属于后者。

3. 虎爪

图3

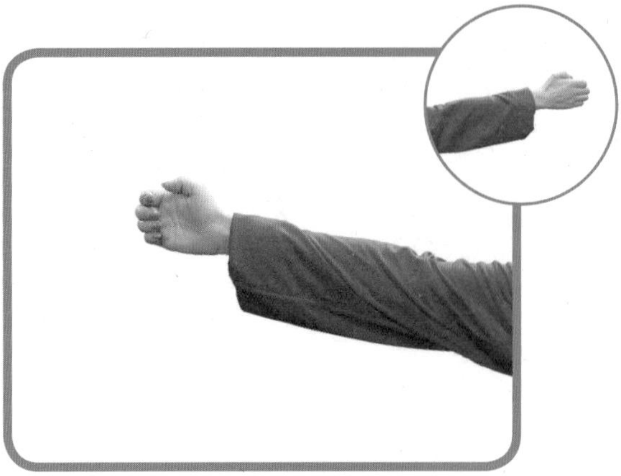

五指并拢，大拇指的第一指节及其余四指的第一、二指节屈收扣紧，手腕伸直。虎爪分开指虎爪和并指虎爪两种。八段锦中“左右开弓似射雕”的拉弦手用的是并指虎爪手型。

4. 八字手

图4

拇指与食指竖直分开，呈“八”字状，其余三指的第一、二指节屈收，掌心微含。

二、基本步型

1. 马步

图5

要求开步站立，两脚间距略宽于肩，屈膝半蹲，大腿接近水平，重心在两脚中间，上体保持中正直立，不可前倾或翘臀，膝盖前屈，不可越过脚尖，膝盖不可内收夹裆。

2. 站桩（抱球桩）

图6

两脚开步站立，脚内侧间距与肩同宽，脚尖朝前；两臂内旋摆至体侧约 45°，继而外旋，两掌向前环抱，与肚脐同高（或在脐、乳之间），掌心朝内，指尖相对，间距 10 厘米至 20 厘米。同时，两腿屈膝，垂直下坐，膝盖不超过脚尖，目视前方或双目垂帘。

第二节 动作教学

一、动作组合教学

1. 组合一

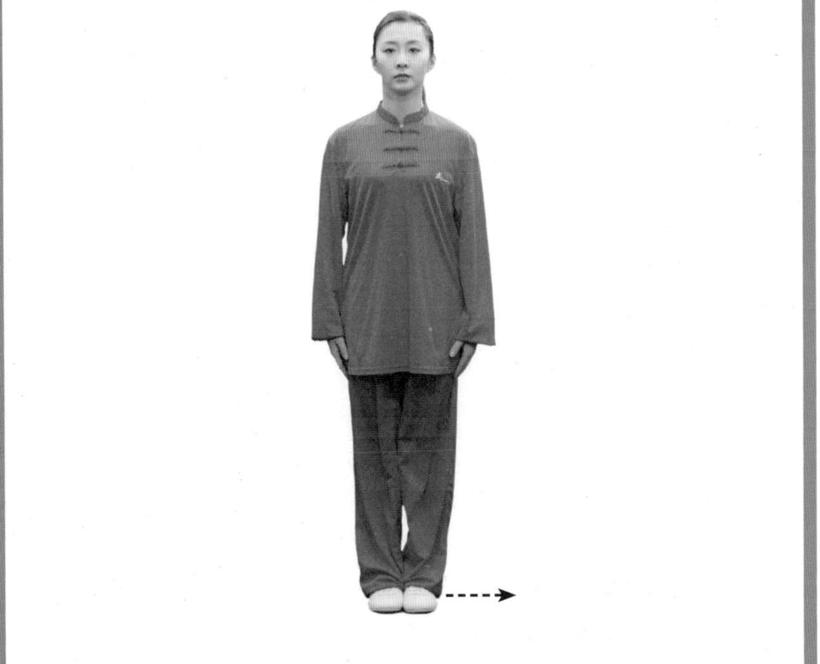

图7

图7 两脚并步站立，两臂垂于体侧，周身中正，目视前方。

图 8

图 9

图 10

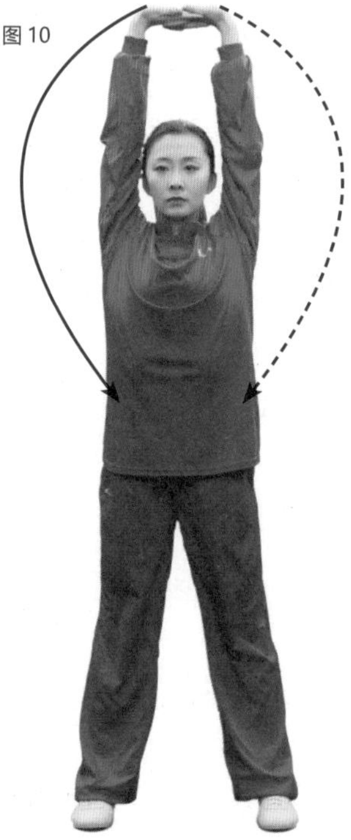

图 11

图 8

重心右移，左脚开步，两掌自体侧捧于腹前，掌心向上。

图 9

两掌交叉，上托于胸前，同时两膝缓慢伸直，配合吸气。

图 10

两掌内旋翻掌，掌心向上，接着向上托起，抬头，目视两掌，两掌继续上托至肘关节伸直，然后下颌内收，目视前方。动作稍停。

图 11

十指缓慢分开，两臂带动两手分别从身体两侧下落，两臂落至斜上45°时两膝微屈，重心下移，两掌捧于腹前，掌心向上，配合呼气。

图12

身体重心向右移动，左脚再次向左侧开步，两脚间距略宽于肩，两膝自然伸直。同时两掌向上交叉，搭腕于胸前，左掌在外，右掌在内，配合吸气。

图13

两腿缓慢屈膝，成马步。同时右掌屈指变虎爪，左掌变八字手，然后右爪向右拉至右肩前，左手内旋向左侧推出，与肩同高，立掌坐腕，掌心向左，如同拉弓射箭之状，目视左手方向，配合呼气。动作稍停。

图12

图13

图14

重心右移，左脚收回成开步，两膝微屈。同时两掌分别从两侧下落，捧至腹前，指尖相对，掌心向上，目视前方。

图15

两腿缓慢挺膝伸直。同时右掌于面前内旋，随后上举至头顶右上方，肘关节微屈，掌心向上，指尖向左；左掌内旋向下按掌至左髋旁，掌心向下，指尖向前。左掌下按，右掌上撑，同步进行，力达掌根，配合吸气。动作稍停。

图14

图15

图 16

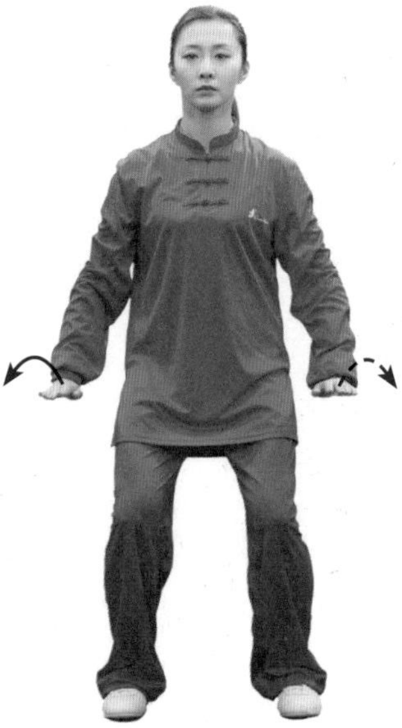

图 17

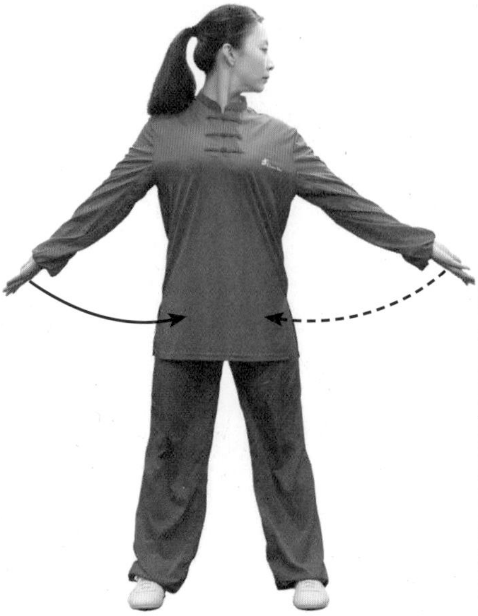

图 18

图 16

松腰沉髋，身体重心缓慢下降，两腿膝关节微屈。同时右臂屈肘外旋至掌心向前，右掌缓慢下落，下按至右髋旁，掌心向下，指尖向前，配合呼气。

图 17

两腿缓慢挺膝伸直，同时手腕伸直，然后两臂外旋举至斜上45°，掌心斜向上，头向左后方转动，两肩后展，目视左后方，配合吸气。动作稍停。

图 18

两腿膝关节微屈，同时两掌松腕下落，捧于腹前，掌心向上，指尖相对，两掌指间距约10厘米，目视前方，配合呼气。

2. 组合二

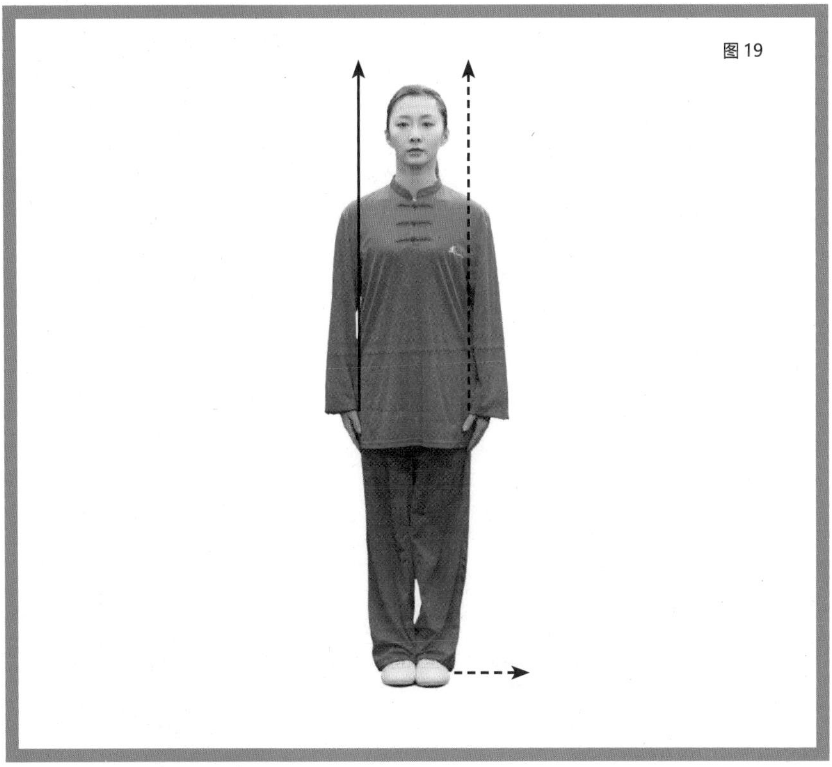

图 19

两脚并步站立，两臂垂于体侧，周身中正，目视前方。

图 20

图 21

图 22

图 23

图 20

重心右移，左脚向左开步，两腿挺膝伸直站立，两臂向前、向上举起，肘关节伸直，掌心向前，配合吸气。

图 21

两臂外旋至掌心相对。

图 22

屈肘，两掌下按至胸前，掌心向下，指尖相对，随后两臂外旋至两掌心向上，配合呼气。

图 23、图 24

两掌顺腋下后穿至背部。

图 25

两掌心沿着脊柱两侧向下摩运至臀部，接着上体向前俯身，两掌沿着后腿继续向下摩运，随后经两脚外侧转至脚面，目视下方。

图 26

两臂向前、向上举，肘关节伸直，掌心向下，配合吸气。

图 27

上体直立，两手举至头部上方，肘关节保持伸直状态，掌心向前，目视前方。

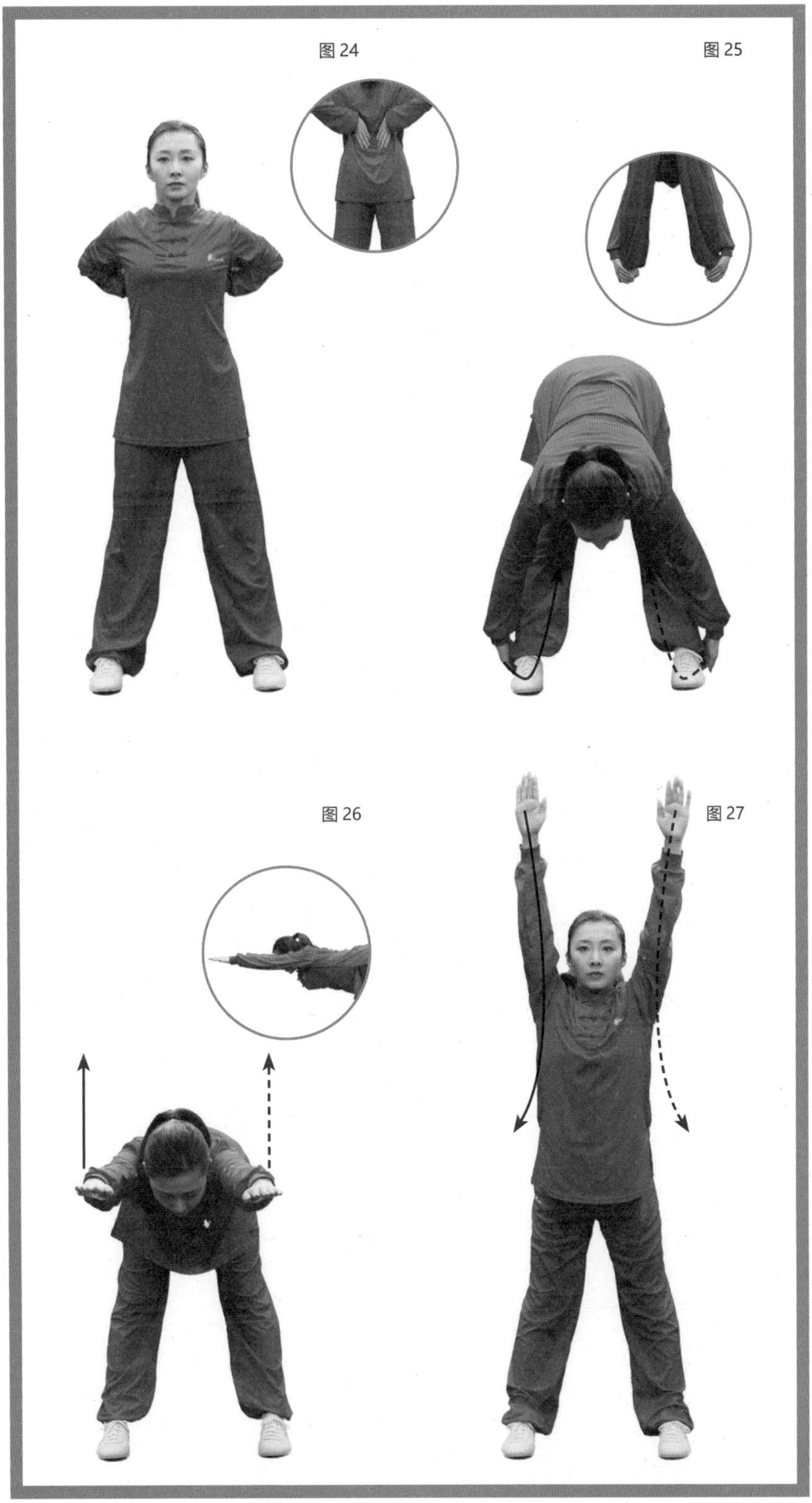

图 28

图 29

图 30

图 31

图 28

松腰沉髋，两腿膝关节微屈，身体重心缓缓下降。同时两掌向前、向下按至髋部两侧，掌心向下，指尖向前，配合呼气。

图 29

右脚向右侧开步，两脚间距略宽于肩，重心下沉，成马步。同时两掌握固，抱于腰侧，拳眼向上。

图 30

右拳缓慢用力向前冲出，与肩同高，拳眼朝上，怒目，视右拳冲出方向，接着右臂内旋，右拳变掌，虎口向下，然后右掌屈腕，指尖向左，掌心向前，右臂外旋的同时，右掌以掌根为支点，指尖向上、向右、向下旋掌，变掌心向上后握固，目视右拳。

图 31

右臂屈肘，右拳回收至腰侧，拳眼向上，目视前方。

图 32

身体重心左移，右脚回收并步，两拳变掌，自然垂于身体两侧，挺膝直立。

图 33

两脚提踵，头上顶，配合吸气。动作稍停。

图 32

图 33

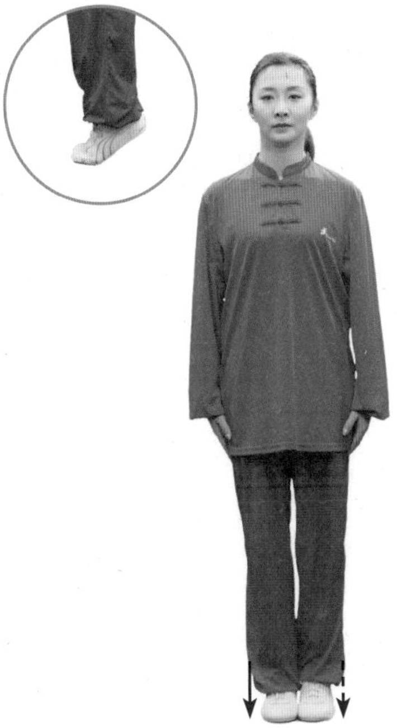

图 34

两脚跟微落，然后再次下落，轻震地面，配合呼气。

（图 33、图 34 动作重复 2 遍，即颠足动作共 3 遍。）

图 34

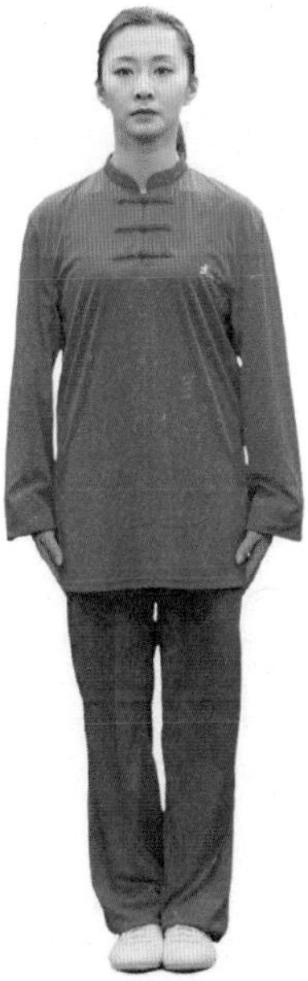

二、动作分解教学

预备势

口诀：两足分开平行站，横步要与肩同宽；
头正身直腰松腹，两膝微屈对足尖；
双臂松沉掌前抱，手指伸直要自然；
凝神调息垂双目，静默呼吸守丹田。

图 35

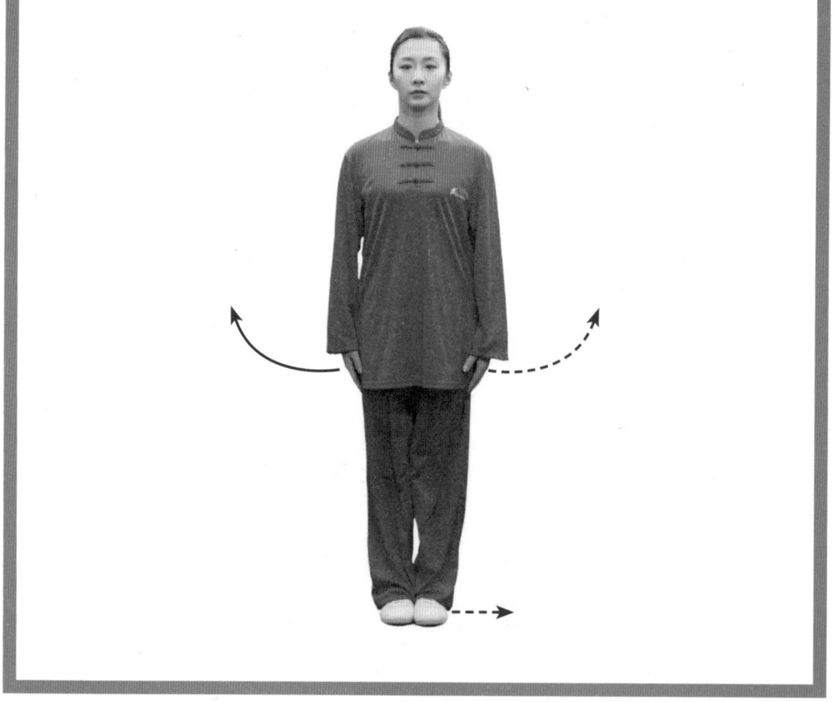

图35
两脚并拢，两腿自然伸直站立，两臂自然垂于体侧，掌心轻贴腿外侧，头正颈直，竖脊舒胸，下颌微收，唇齿合拢，舌尖放平，轻抵上腭，目视前方，自然呼吸，面带微笑。

图 36、图 37

松腰沉髋，左脚向左侧开步，然后两臂内旋的同时侧起，与髋同高，掌心向后，接着两臂外旋至两掌心向前，配合吸气。

图 38

两膝微屈，两掌合抱于腹前，掌心向内，两掌指尖距离约 10 厘米，配合呼气。

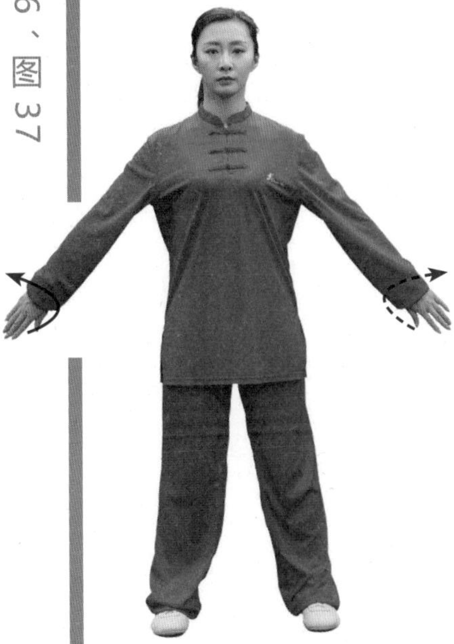

图 36

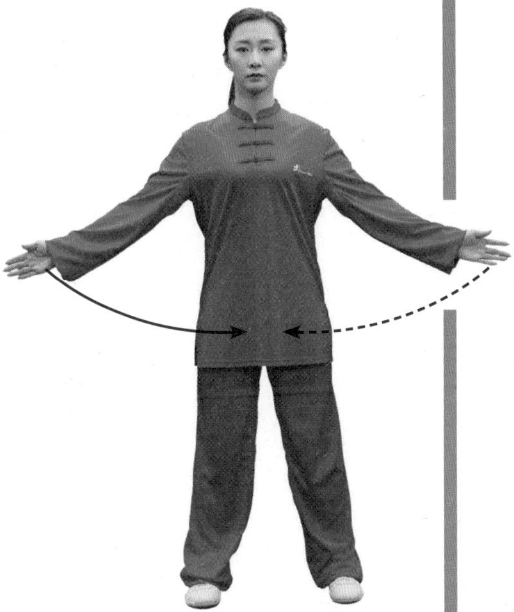

图 37

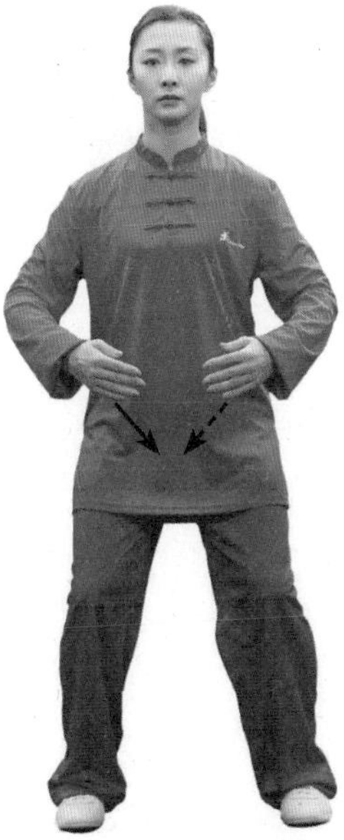

图 38

要求

（1）百会上领，下颌微收，舌抵上腭，嘴唇轻闭，周身中正，呼吸自然。

（2）松肩虚腋，腰腹放松，尾闾下沉，收髋敛臀。

（3）气沉丹田，心平气和，面带微笑。

易错点

（1）两手腹前抱球时，两手位置过高，紧张僵硬，大拇指上翘，其余四指斜向地面。

（2）开步时，两脚呈现八字脚型。

纠正

（1）抱球时，两臂呈圆弧形，手臂要放松，两手掌心微含，成自然掌，与地面平行、与肚脐同高，沉肩坠肘。

（2）左脚开步时，先落脚尖，然后脚跟向左侧外撑下落，两脚平行，收髋敛臀，膝关节勿超过脚尖。

功效

（1）百会上领与气沉丹田之间形成对拉的劲力，可使习练者更好地端正身形、内安脏腑、调整呼吸，从肢体与精神上做好练功前的准备。

（2）心神宁静，心静气定，气定神敛，利于心理调节。

1. 两手托天理三焦

口诀：十指交叉小腹前，翻掌向上意托天；
　　　左右分掌拨云势，双手捧抱势还原；
　　　势随气走要缓慢，一呼一吸一周旋；
　　　呼气尽时停片刻，随气而成要自然。

图 39

图 39

两臂外旋的同时微下落，使两掌落至腹前，十指自然分开，掌心向上，目视前方。

图 40

图 41

图 42

图 43

图 40

两掌于腹前十指交叉。

图 41

两膝缓慢立起，同时两掌上托至胸前，配合吸气。

图 42

两掌内旋翻掌，向上托举，直至肘关节伸直，目随手走。

图 43

下颌内收，两掌继续上撑，目视前方。动作略停。

图 44—图 46

两手缓慢松开十指，两臂下落至斜上方 45°时开始屈膝，重心下沉。同时两臂分别从身体两侧下落，两掌捧于腹前，掌心向上，目视前方，配合呼气。

（图 39—图 46 动作重复 2 遍，即『托天』动作共 3 遍。）

图 44

图 45

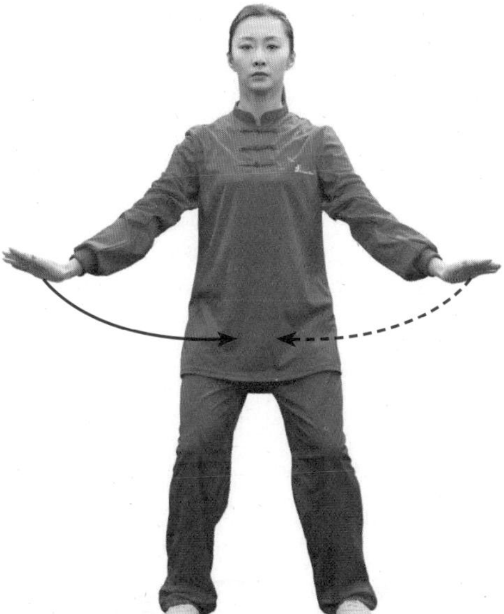

图 46

要求

两掌在上托过程中，舒胸展体，抬头看手；“托天”时，下颌微收，头向上顶，脊柱上下对拉拔长；两掌在下落过程中，松腕舒指，沉肩坠肘，松腰沉髋，始终保持上体中正。

易错点

（1）两掌托举时，先抬头向上看，后上举两掌。

（2）两掌上举不充分，两臂未伸直。

（3）两掌“托天”时，两臂向前倾斜过大。

（4）两掌松开时，用力过猛。

纠正

（1）两掌托举时，要始终手眼相合，眼随手走，直至肘关节伸直，再下颌内收，向前平视。

（2）抬头目视两掌上举，肘关节伸直，随后下颌内收，眼睛向前平视，这时，两臂继续伸直上托，两掌后移至头顶正上方，两臂贴耳。

（3）两掌从身前向上托举时，应按近身前的垂线直线上举，两臂伸直时，微向前倾斜。

（4）两掌分开前，先松肩，微屈肘，然后用力坐腕，缓慢松开十指，两掌自然可以轻松分开，也可以用两掌大拇指指尖对顶，再慢慢分开。

功效

（1）通过两手交叉上举，缓慢用力，保持抻拉，可拉长躯干与上肢各关节的肌肉、韧带及关节软组织，这对提高关节的灵活性，以及防治颈、肩部疾患具有良好的作用。

（2）两手托天，用力抻拉，可通畅三焦、调和气血。元气通过三焦运行于脏腑，通达全身，故三焦顺，正气升。另外，三焦牵扯到五脏六腑，上焦是心、肺，中焦是脾、胃，其余都在下焦。因此，本动作有助于提高五脏六腑机能，如强心益肺、和胃健脾、疏肝利胆、通调膀胱、滋阴补肾、润肠化结等。

2. 左右开弓似射雕

口诀：马步下蹲要稳健，双手交叉左胸前；

左推右拉似射箭，左手食指指朝天；

势随腰转换右势，双手交叉右胸前；

右推左拉眼观指，双手收回势还原。

图 47

图 47

身体重心向右移动，左脚向左侧开步站立，两膝自然伸直。同时两手搭腕于胸前，左手在外，右手在内，目视前方，配合吸气。

图 48

右掌屈指变虎爪，左掌变八字手。

图 49

两腿缓慢屈膝，成马步。同时右爪向右拉至右肩前，左手内旋并向左侧推出，与肩同高，立掌坐腕，掌心向左，呈拉弓射箭之状，目视左手方向，配合呼气。动作稍停。

图48

图49

图 50

右移重心，右手五指伸开成掌，并向上、向右画弧摆动，至与肩同高，指尖朝上，掌心斜向前，同时左手伸开成掌，目视右掌，配合吸气。

图 51

左脚收回并步，两腿缓慢直起。同时两掌分别从身体两侧下落，捧至腹前，指尖相对，掌心向上，目视前方，配合呼气。

图50

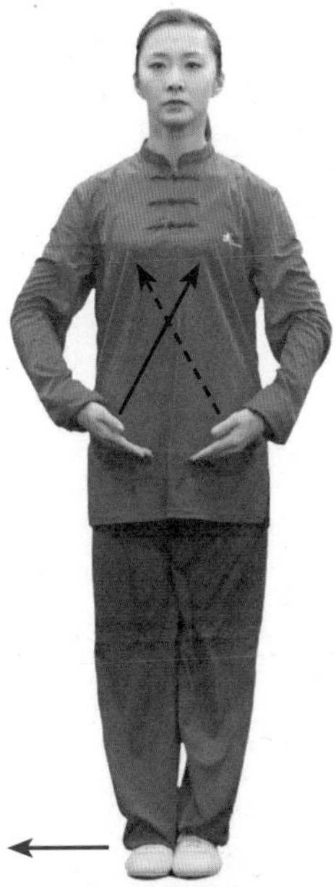

图51

图52—图55

图52—图55动作与图47—图50动作相同，唯方向相反。

图52

图53

图54

图 56

右脚收回，两脚间距与肩同宽，双腿微屈。同时两掌分别从身体两侧下落，捧至腹前，指尖相对，掌心向上，目视前方，配合呼气。

图 55　图 56

要求

侧拉之手的五指要并拢、屈紧，于肩部放平；八字手侧推时，须沉肩坠肘，立腕竖指，掌心含空。

易错点

（1）侧开步后，两膝弯曲，两掌于胸前搭腕过高、过近。

（2）开弓时，八字手的中指、无名指、小指的第一、二、三指节都屈收；拉弓的手，大拇指上翘，其余四指的第一、二、三指节都弯曲。

（3）开弓时重心偏向拉弓手一侧，推弓手高，拉弓手低。

（4）拉弓手打开时，向前画平弧。

纠正

（1）开步后，两膝要自然伸直，两掌在胸前搭腕交叉，指尖与肩平，两臂稍向前撑，掌与胸的距离约 30 厘米。

（2）做八字手时，中指、无名指、小指只屈第一、二指节，第三指节要伸直；做拉弓爪时，大拇指的第一指节要屈收，其余四指只屈第一、二指节，第三指节要伸直。

（3）开弓时，正身屈膝下蹲，成正马步，注意防止重心向拉弓手一侧偏移。拉弓手以肘引力，水平侧拉，推弓手水平侧推，使推弓手的腕和拉弓手的肘与两肩保持水平。

（4）打开拉弓手时，要以拉弓手的肘为轴，爪变掌，然后向上摆，再侧落至与肩同高，立腕撑掌。中指尖摆动的路线是一个约 180° 的上半圆弧线。

功效

（1）屈指拉弓的动作可以启动和激发手三阴三阳经脉，故有助于通调三焦、强心益肺、滑润大小肠。

（2）左右开弓时，要求做到展肩扩胸，以增强肺活力，从而预防和改善呼吸障碍等问题。另外，展肩扩胸的动作有利于矫正含胸、驼背等不良身体姿态。

（3）下肢的马步蹲起，可以刺激足三阴三阳经的原穴，起到滋养肾阴、温补肾阳、纳气归肾、通调膀胱、改善肝胆功能的作用。另外还可以增强下肢力量，提高下肢稳定性，预防摔倒。

3. 调理脾胃须单举

口诀：双手捧腹掌朝天，右上左下臂捧圆；

右掌旋臂托天去，左掌翻转至脾关；

双掌均沿胃经走，换臂托按一循环；

呼尽吸足勿用力，收势双掌回两髋。

图 57、图 58

两腿缓慢挺膝伸直。同时左掌上托至胸前，后经面前内旋上举至头顶左上方，掌心向上，指尖向右，肘关节微屈；右掌内旋下按至右髋旁，指尖向前，力达掌根。目视前方，配合吸气。动作稍停。左掌上撑与右掌下按同步进行。

图 59

图 60

图 59、图 60

松腰沉髋，身体重心缓慢下降，两腿膝关节微屈。同时左臂屈肘外旋，左掌经面前下落至腹前，掌心向上；右臂外旋，右掌上托，捧于腹前，掌心向上。两掌指尖相对，间距约 **10** 厘米。目视前方，配合呼气。两掌动作同步进行。

图 61

图 62

图 61、图 62

两腿缓慢挺膝伸直。同时右掌上托至胸前，后经面前内旋上举至头顶右上方，掌心向上，指尖向左，肘关节微屈；左掌内旋下按至左髋旁，指尖向前，力达掌根，配合吸气。动作稍停。右掌上撑与左掌下按同步进行。

图63、图64

松腰沉髋，身体重心缓慢下降，两腿膝关节微屈。同时右臂屈肘外旋至掌心向前，右掌经面前下按至右髋旁，掌心向下，指尖向前，目视前方，配合呼气。

图63　　图64

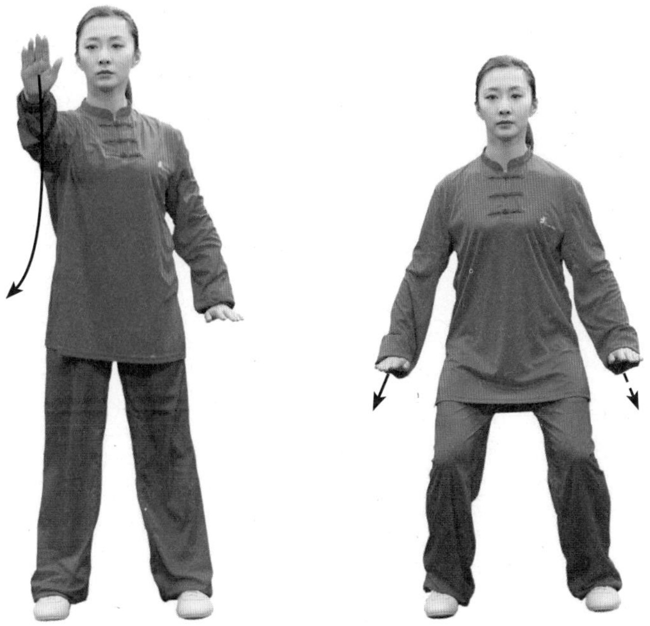

要求

舒胸展体，拔长腰脊，两肩松沉，两掌分别上撑下按，力达掌根。

易错点

（1）上举的手置于头部上方偏前或偏侧。

（2）上举的手未撑平，掌心向前上方。

（3）手上举或下落时，中指尖的路线超过身前的中心线。

纠正

（1）上举时要努力展肩，使手撑举到规范位置，即手中指的垂线要落在肩井穴。

（2）上举的手臂要充分内旋，并努力坐腕，使手掌放平，掌心向正上方，与下按的手对拉拔长。

（3）手上举或下落时，中指尖的运动路线是经过而不超过身前中心线的一条弧线。

功效

（1）通过两手交替的上举和下按，使左右上肢形成一松一紧的上下对拉力，这对中焦的脏腑经络产生牵引、按摩，从而疏肝健脾，促进胃肠蠕动，增强消化功能。

（2）本动作可使脊柱各椎骨间的关节和肌肉得到锻炼，从而增强脊柱的灵活性和稳定性。

4. 五劳七伤往后瞧

口诀：双掌下按指向前，翻掌封按臂外旋；
头应随手向左转，引气向下至涌泉；
呼气尽时平松静，双臂收回于髋边；
继续运转成右势，收回提气回丹田。

图65

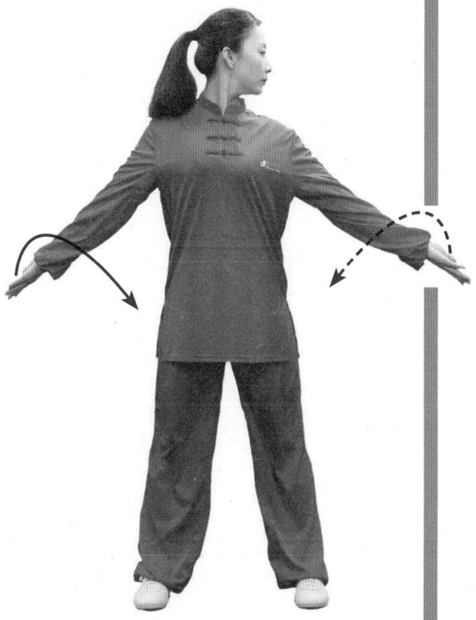

图66

图65 两腿缓慢挺膝伸直，同时两手臂伸直，掌心向后，指尖斜向下，目视前方。

图66 两臂充分外旋且上举至斜上方45°，掌心向外，头向左后方转动，两肩后展，目视左后方，配合吸气。动作稍停。

图 67

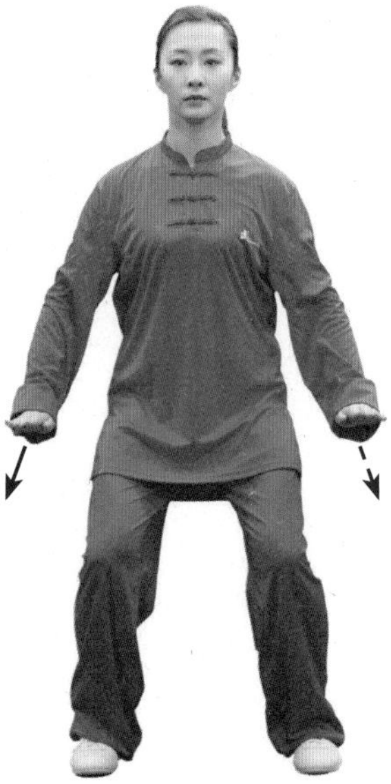

图 68

图 67

松腰沉髋，两腿缓慢屈膝，身体重心慢慢下降，同时两臂内旋并下按于髋旁，掌心向下，指尖向前，配合呼气。

图 68

两腿缓慢挺膝伸直，同时两手臂伸直，掌心向后，指尖斜向下。

图 69

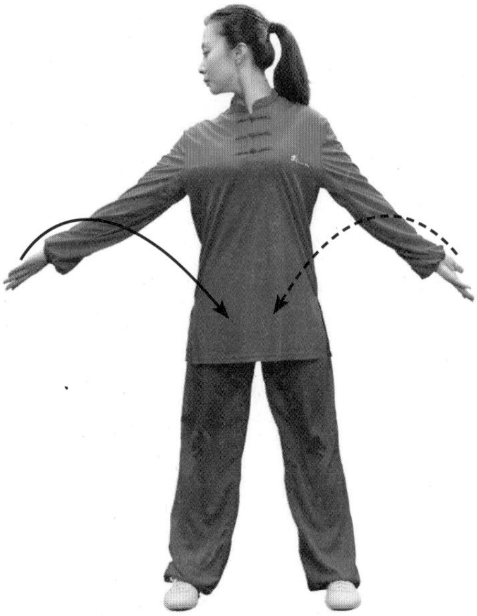

图 70

图 69

两臂充分外旋且上举至斜上方 **45°**，掌心向外，头向右后方转动，两肩后展，目视右后方，配合吸气。动作稍停。

图 70

两腿膝关节微屈，同时两掌松腕下落，捧于腹前，掌心向上，指尖相对，两掌掌指间距约 **10** 厘米，目视前方，配合呼气。

要求

（1）头向上顶，肩向下沉。

（2）转头不转体，旋臂的同时两肩后展。

易错点

（1）旋臂不充分。

（2）转头时，撅下颌，造成身体后仰，两眼一高一低。

纠正

（1）旋臂时，以中指为轴，直臂充分外旋，同时两臂稍侧开，与垂线约成 45° 夹角，两掌在身体两侧，不可摆到侧后方。

（2）转头时，要收颌顶悬，使两眼保持在同一水平线上往后瞧，不要向后下方看。

功效

（1）通过两臂外旋扭转、展肩动作产生的静力牵拉，可以扩张胸腔、牵拉腹腔内的脏腑，从而增强脏腑功能。

（2）“往后瞧”的动作即头、颈、脊柱螺旋拧转，这个动作可刺激大椎穴。医学研究证明，刺激大椎穴，可起到宣肺平喘、退热止疟、益气通阳、宁神豁痰，以及提高免疫力、抵抗力的作用。同时，做此动作时，会牵拉肩颈处的两侧经脉，进而促进大脑血液循环，预防颈椎病。

（3）眼睛配合动作往后瞧，可锻炼眼部肌肉，缓解视疲劳。

5. 摇头摆尾去心火

口诀：马步仆步可自选，双掌扶于膝上边；
头随呼气移向左，双目却看右足尖；
吸气还原接右势，摇头斜看左足尖；
如此往返随气练，气不可浮意要专。

图 71

图 71

身体重心左移，右脚向右开步站立，两腿膝关节自然伸直，同时两掌上托至胸前，目视前方。

图 72

两掌内旋翻掌，然后上举至头顶斜上方，肘关节微屈，掌心向上，指尖相对，配合吸气。

图 73

两腿缓慢屈膝，成马步。同时两臂向身体两侧画弧下落，肘关节微屈，两掌掌指轻放于膝关节上方，指尖斜向前，配合呼气。

图 72

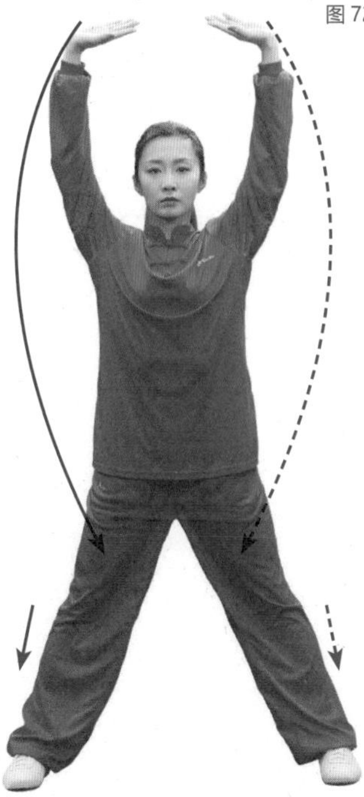

图 73

图 74—图 80

身体重心略微上起，再慢慢右移，尾闾左摆。接着上体前俯，低头，目视右脚尖，然后上体由右向前、向左旋转，重心向左平移，尾闾右摆，目视右脚跟。随后尾闾由右向前、向左、向后旋转至中线，尾闾上翘，同时头由左前向左、向后摇至中线，与尾闾相应。最后收尾闾，头回正，目视前方。

图 74

图 75

图 76

图 77

图 78

图 79

图 81

重心下沉成马步。

图 80

图 81

图 82—图 89

图 82—图 89 动作与图 74—图 81 动作相同，唯方向相反。

图 82

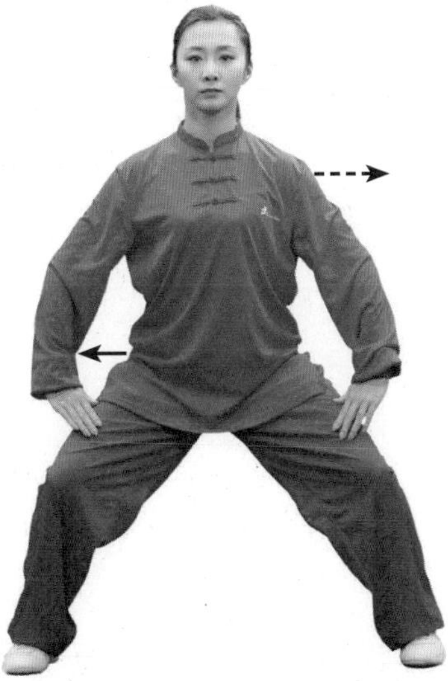

图 83

图 84

图 85

图 86

图 87

图 88

图 89

图 90

图 91

图 90

身体重心左移，右脚回收成开步，两脚间距与肩同宽，两腿伸直，同时两掌外旋上举，与肩同高。

图 91

两掌继续上举至头顶上方，掌心相对，配合吸气。

图 92

图 92 松腰沉髋，两腿膝关节微屈，身体重心缓慢下降。同时两臂屈肘，两掌经胸前下按至腹前，掌心向下，指尖相对，配合呼气。

要求

（1）马步下蹲时要松髋敛臀，上体中正。

（2）摇头摆尾时，颈部与尾闾对拉拔长，好似两个轴在相对运转，动作柔和缓慢、圆活连贯。

（3）年老或者体弱者要注意动作幅度，不可强求。

易错点

（1）两掌扶于大腿时，掌根负重，身体前倾。

（2）俯身时，幅度过大、撅臀，使头尾在同一水平线摇摆。

（3）摆尾时，尾闾只有后摆，没有前摆。

（4）摇摆时，颈部、腰部僵硬，只有摇身晃肩，没有摇头摆尾。

（5）俯身后，身体向另一侧旋转时，目视方向不正确。

纠正

（1）两掌扶于大腿时，掌指轻扶于大腿上方，掌根悬于腿外，上体中正，端坐马步，手不负重。

（2）俯身时，上体先右倾，随之俯身约 45° 看右脚尖，臀部高度不变，头高尾低，两个不同高度摇摆。

（3）以右倾左摇为例，从上体右倾、尾闾左摆时算起，头尾以丹田为轴，均按逆时针方向各摇摆约 270° ，然后收下颌头回正、收尾闾立身下坐，回到正马步。

（4）摇摆时，颈部、腰部要充分放松。为此可先做开步直身，放松颈部，头部画圈练习，再做开步叉腰直身，尾闾画圈练习，体会放松颈部摇头和放松腰部摆尾的感觉，最后做马步摇头摆尾。

（5）以右俯身为例，身体向左侧旋转时，眼睛看向右脚方向，且由右脚尖移至右脚跟，直到向另一侧摇头时为止。

功效

（1）本动作有补肾养心、滋阴降火之功效。

（2）“摇头摆尾”可使腹腔脏器得到挤压、按摩，从而强化中焦、下焦，促进人体消化及运化功能。

（3）马步下蹲、左右移动重心，可提升髋关节灵活性，改善局部血液循环，防治股骨头坏死等。同时又可锻炼下肢力量，提高身体的协调性，预防摔倒。

6. 两手攀足固肾腰

口诀：两足横开一步宽，两手平扶小腹前；
平分左右向后转，吸气藏腰撑腰间；
势随气走定深浅，呼气弯腰盘足圆；
手势引导勿用力，松腰收腹守涌泉。

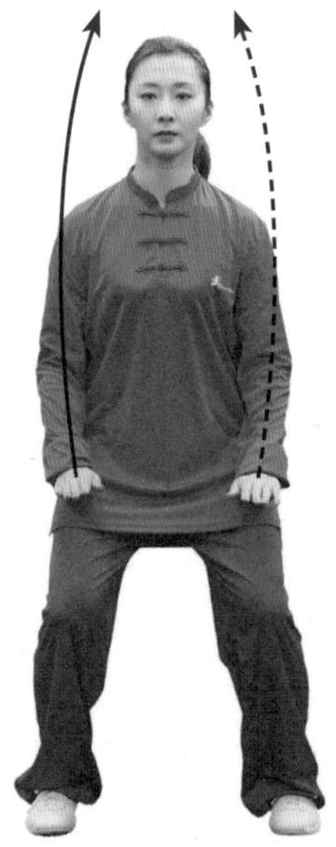

图93

图 93

两掌转至指尖向前，目视前方。

图 94

两腿挺膝伸直站立，两臂向前、向上举起，肘关节伸直，掌心向前，配合吸气。

图 95

两臂外旋至掌心相对。

图 96

两掌下按于胸前，掌心向下，指尖相对，随后两掌外旋翻掌，掌心向上。

图 97、图 98

两掌顺腋下后穿，掌心贴于后背。

图 94

图 95

图 96

图 97

图 99—图 102

两掌沿脊柱两侧向下摩运至臀部，上体向前俯身，随后两掌继续沿腿后侧向下摩运，经脚两侧转至脚面，目视前方，配合呼气。动作略停。

图 98

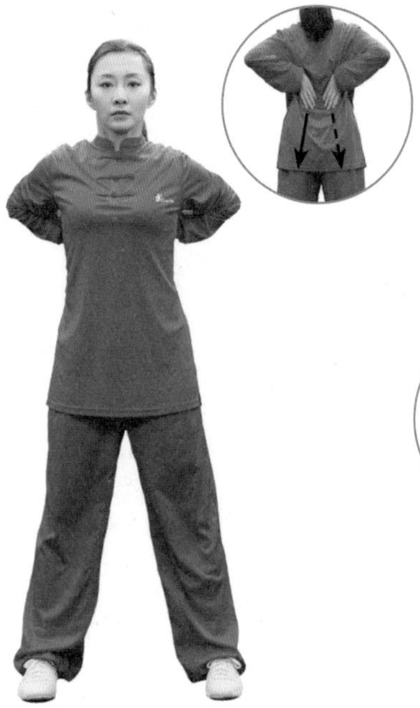

图 99

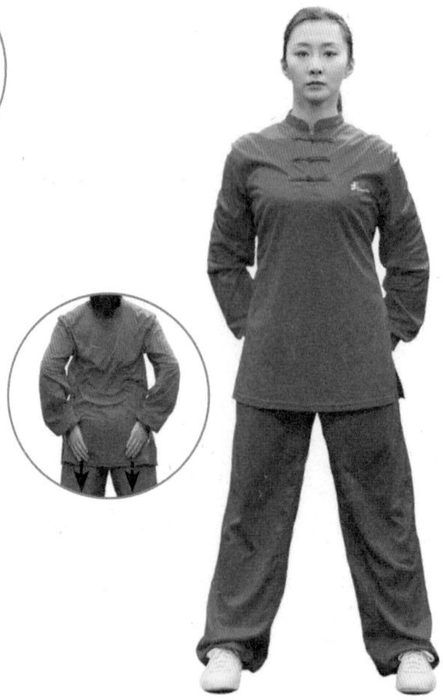

图 100

图 101

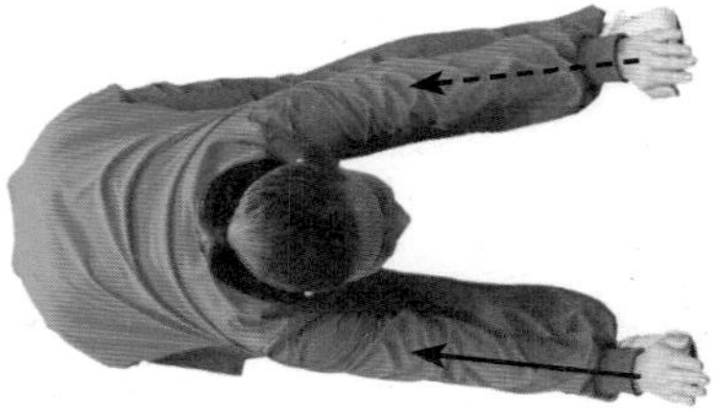

图 102

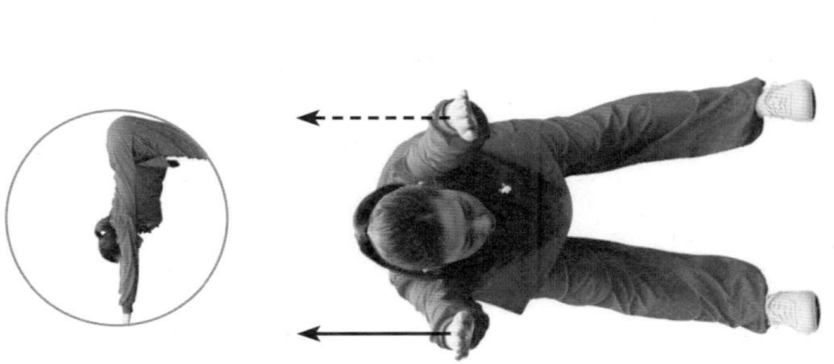

图 103

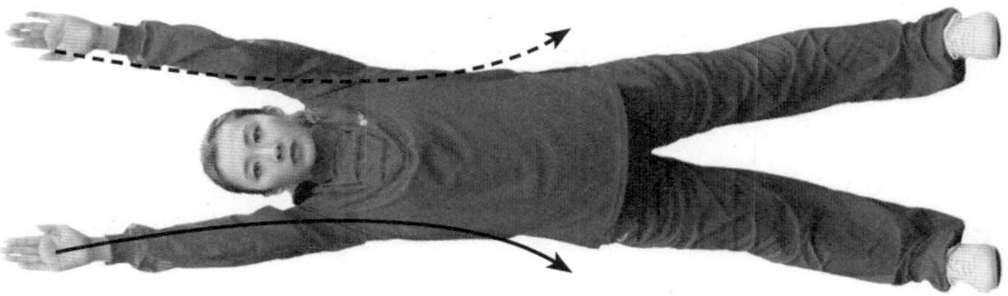

图 104

图 105

图 103、图 104

两臂沿地面向前、向上举至头顶上方，肘关节伸直，掌心向前，上体随两臂上举而立起，目视前方，配合吸气。

（图 95—图 104 动作重复 2 遍，共 3 遍。）

图 105

松腰沉髋，两腿膝关节微屈，身体重心缓缓下降，同时两掌向前、向下按至两髋侧，掌心向下，指尖向前，配合呼气。

要求

（1）反穿、摩运时，两手臂要适当用力。

（2）向下摩运时，松腰沉肩，两膝挺直；向上起身时，手臂主动上举，带动上体立起。

易错点

（1）两手经腋下后穿时，位置过高。

（2）两掌沿脊柱两侧向下摩运时低头。

（3）举臂起身时，起身在先，举臂在后。

纠正

（1）两手后穿时，手低肘高，两肘约与肩平。

（2）两掌沿脊柱两侧向下摩运时，待摩运至两肘伸直后再向前俯身，运动中保持上体正直。

（3）举臂起身时，要以臂带身。

功效

（1）通过两手摩运和俯身攀足，可以刺激脊柱、督脉，以及命门、阳关、委中等穴位，有助于治疗生殖泌尿系统方面的慢性疾病，并起到固肾壮腰的作用。

（2）通过脊柱大幅度前屈后伸，可有效增强脊柱肌群的力量和伸展性。

7. 攒拳怒目增气力

口诀：马步下蹲眼睁圆，双拳束抱在胸前；
拳引内气随腰转，前打后拉两臂旋；
吸气收回呼气放，左右轮换眼看拳；
两拳收回胸前抱，收脚按掌势还原。

图 106

图 107

图 106

身体重心右移，左脚向左侧开步，两脚间距略宽于肩，两腿缓慢屈膝，成马步。同时两掌握固，抱于腰侧，拳眼向上，目视前方，配合吸气。

图 107

左拳缓慢用力向前冲出，与肩同高，肘关节微屈，怒目，视左拳冲出方向，配合呼气。

图 108

左臂内旋，左拳变掌，掌心向左，指尖向前，虎口向下，目视左掌。

图 109—图 112

左掌屈腕，指尖向右，掌心向前。左臂外旋，肘关节微屈，左掌以掌根为支点，指尖向上、向左、向下旋掌，随后握固，目视左拳。

图 108

图 109

图 110

图 111

图 113

左臂内旋，屈肘，回收左拳至腰侧，拳眼向上，目视前方。

图 114—图 120

图 114—图 120 动作与图 107—图 113 动作相同，唯方向相反。

图 112

图 113

图 114

图 115

图 116

图 117

图 118

图 119

图121

身体重心右移，左脚回收成并步。

图120

图121

图122

挺膝直立，两拳变掌，自然垂于身体两侧，目视前方。

图122

要求

（1）冲拳时，注视冲出之拳，同时脚趾抓地，拧腰顺肩，力达拳面。

（2）收拳之前，要旋腕，五指用力抓握。

（3）马步的高低可根据自己腿部力量灵活掌握。

易错点

（1）冲拳时，用猛力，肘部完全伸直。

（2）旋腕不充分，握固时从小指起逐一握拢。

纠正

（1）冲拳时，要用内力，缓慢匀速出拳，肘部自然微屈，并怒目注视出拳方向。

（2）左掌旋腕时，肘微屈，以腕为轴，充分坐腕，掌指逆时针旋转 270° 。握固时，先大拇指抵无名指指根，其余四指再同时握住大拇指。

功效

（1）怒目、双手攥拳、脚趾抓地、马步下蹲等动作，可使全身肌肉、筋脉受到静力牵拉，起到强筋壮骨、增强气力的作用。

（2）冲拳时，要求保持髋关节和头部不动，同时拧腰顺肩，加强了脊柱的左右拧转，利于提升脊柱的旋转幅度和灵活性，对调节脊柱、维护脊柱健康有促进作用。

8. 背后七颠百病消

口诀：两腿并立颠足尖，足尖用力足跟悬；

呼气上顶手下按，落足呼气一周天；

如此反复共七遍，全身气走回丹田；

全身放松做颠抖，自然呼吸态怡然。

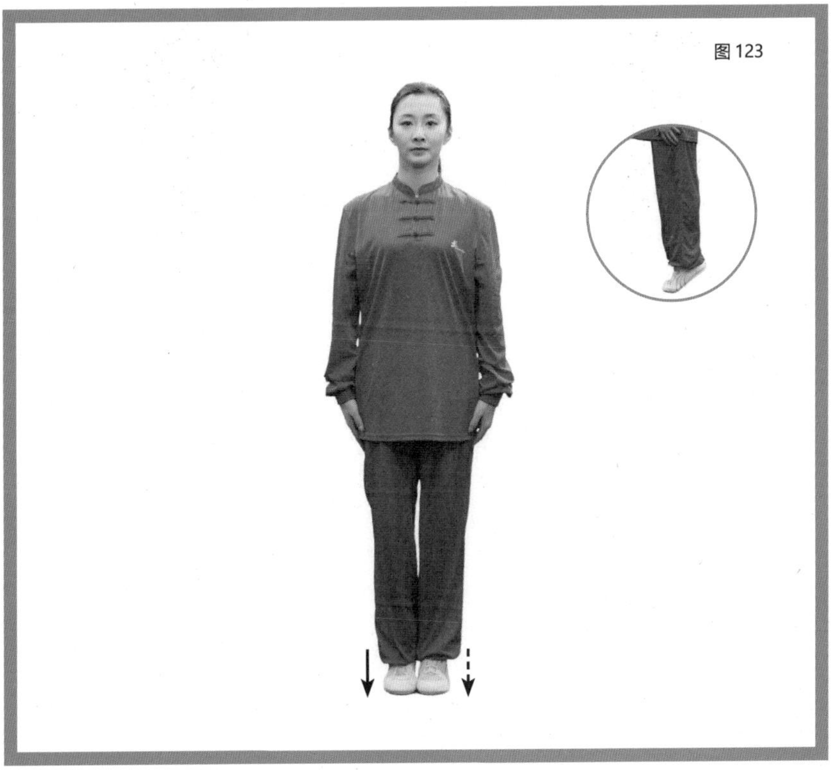

图123 两脚脚跟向上提起，目视前方，配合吸气。动作稍停。

图 124

图 125

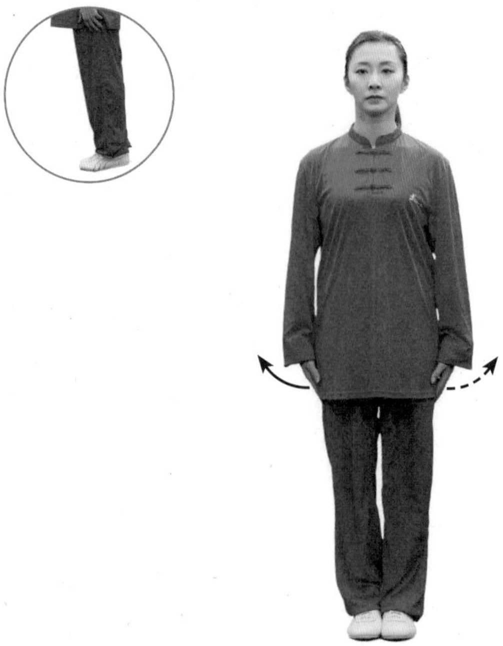

图 124

两脚脚跟微下落，配合呼气。

图 125

两脚跟继续下落，轻震地面，同时轻叩牙齿，从脚跟下落开始呼气，到此动作结束。

（图 123—图 125 动作重复 6 遍，即颠足共 7 遍。）

要求

（1）提踵时，两腿直膝绷紧，不可松懈，脊柱节节拔长，脚趾抓地，沉肩顶悬，提肛收腹，重心稳固。

（2）颠足落地时，放松身体，轻震地面，同时要轻叩牙齿。

易错点

（1）两脚脚跟起落时，身体前后摇晃，重心不稳。

（2）落跟震地时，用力过大。

纠正

（1）两脚脚跟起落时，脚趾要用力抓地，稳固重心。

（2）落跟震动时不可过重，也不可过轻。注意脚跟平缓匀速下落，身体放松，叩齿，使下肢和脊柱各骨骼关节受到柔和、适度、有效的震动。

功效

（1）首先，颠足时要求脚趾抓地，可以刺激足部有关经脉，从而调节相应脏腑功能；其次，颠足可以牵拉脊柱与督脉，使全身脏腑经络气血通畅，阴阳平衡；另外，颠足还可以发展小腿后部肌肉力量，拉长足底肌肉、韧带，提高人体的平衡能力。

（2）提踵和脚跟震地可拉伸脊柱并震动全身肌肉和脊髓，从而使全身肌肉放松，解除疲劳，以及促使脊柱关节复位。

收势

口诀：呼吸均匀臂内旋，两掌叠于丹田前；

意守丹田神自然，双臂收归落腿侧。

图 126

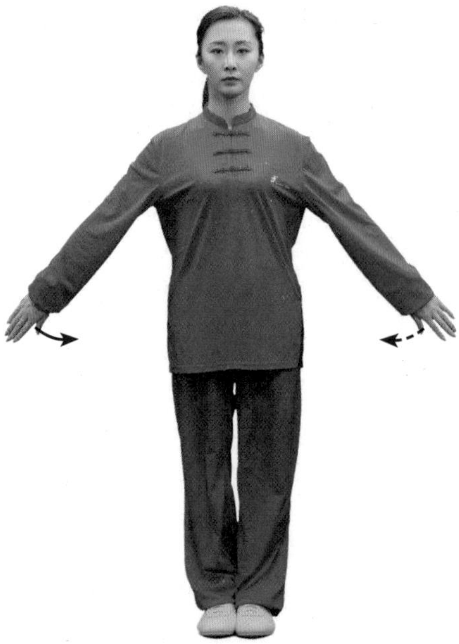

图 126、图 127

两臂内旋的同时侧起，与髋同高，掌心向后，随后两臂外旋至两掌心向前，配合吸气。

图 127

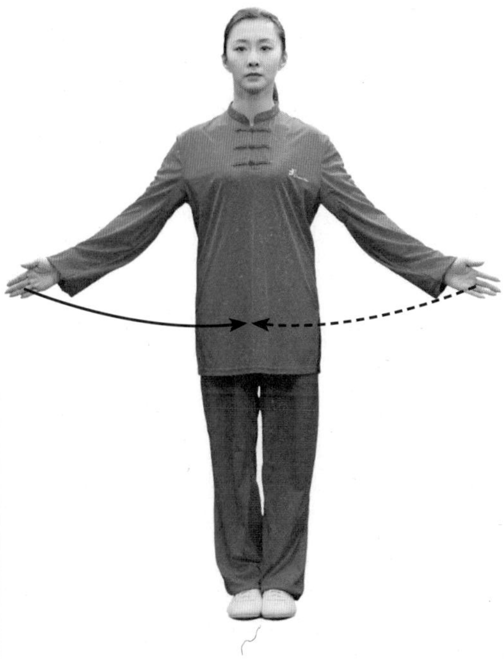

图 128

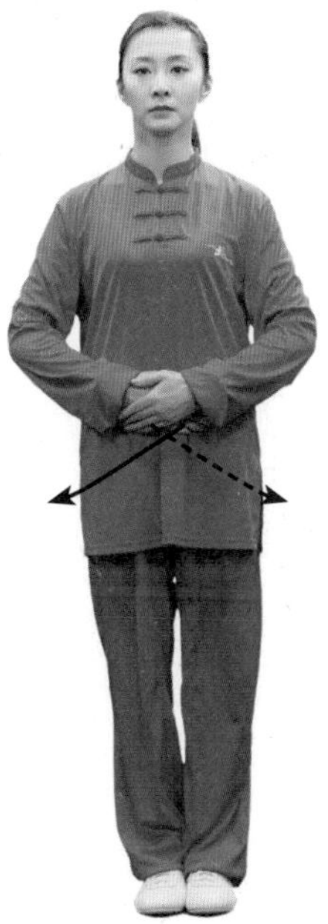

图 129

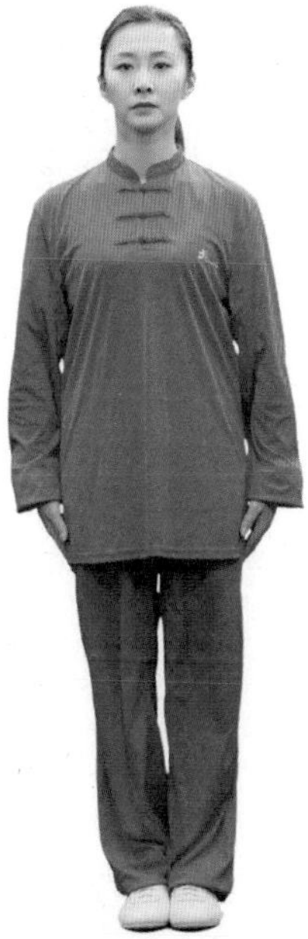

图 128

两臂屈肘，两掌相叠于丹田处（男士左手在内，女士右手在内），配合呼气。动作稍停。

图 129

两臂自然下落，两掌轻贴于两腿外侧。意守丹田，调整呼吸，周身放松，练功结束。

要求

（1）两掌的劳宫穴相叠于丹田，周身放松，气沉丹田。

（2）收功时，注意体态安详，举止稳重。

易错点

（1）收功时不认真，心情急躁。

（2）收功时身体过于放松，出现含胸驼背、头部前倾的情况。

纠正

（1）收功时，把注意力集中在呼吸与动作的配合上，达到“三调”合一。两掌叠于丹田时，调息一次；吸气时分手，呼气时落手于腿侧；全身放松，平稳调息后再走动。

（2）收功时要注意百会上顶、气沉丹田。

功效

气血归元，整理肢体，放松肌肉，愉悦心情，逐渐恢复到练功前的安静状态。

参考资料

[1] 国家体育总局健身气功管理中心 . 健身气功：八段锦 [M]. 北京：人民体育出版社，2018.

[2] 国家体育总局健身气功管理中心 . 健身气功知识荟萃：二 [M]. 北京：人民体育出版社，2014.

[3] 孟峰年 . 中国传统体育养生概论 [M]. 北京：民族出版社，2014.

[4] 田广林 . 中国传统文化概论 [M]. 第二版 . 北京：高等教育出版社，2011.

[5] 王凤阳 . 中国传统养生概论 [M]. 北京：高等教育出版社，2010.

[6] 邱丕相 . 中国传统体育养生学 [M]. 北京：人民体育出版社，2007.

[7] 冯天瑜，杨华，任放 . 中国文化史 [M]. 北京：高等教育出版社，2005.

[8] 司红玉 . 健身气功教学与美育 [M]. 长沙：湖南师范大学出版社，2014.

武